Generallieutenant z. D Heilmann

Der Feldzug von 1800 in Deutschland

mit besonderer Bezugnahme auf den Anteil der bayerischen Truppen

bearbeitet

Generallieutenant z. D Heilmann

Der Feldzug von 1800 in Deutschland
mit besonderer Bezugnahme auf den Anteil der bayerischen Truppen bearbeitet

ISBN/EAN: 9783743473874

Hergestellt in Europa, USA, Kanada, Australien, Japan

Cover: Foto ©ninafisch / pixelio.de

Weitere Bücher finden Sie auf **www.hansebooks.com**

Der

Feldzug von 1800 in Deutschland.

Mit besonderer Bezugnahme auf den Anteil der bayerischen Truppen bearbeitet

von

Heilmann,
Generallieutenant z. D.

BERLIN.
Verlag von Richard Wilhelmi.
1886.

(Separatabdruck aus dem 54. und 55. Bande der „Jahrbücher für die deutsche Armee und Marine".)

Inhalt.

	Seite
Einleitung	1
1. Subsidien-Division unter Generallieutenant von Zweibrücken	3
2. Die Kontingents-Brigade unter Generalmajor von Bartels	75
3. Die Detachements am Lech	82
4. Das Landesverteidigungs-Corps (auch Reserve- und Auxiliar-Corps genannt) unter Herzog Wilhelm in Bayern	92

Beilagen:

1. Marschtableau der Subsidien-Division aus dem Österreichischen in die Oberpfalz (30. December 1800 bis 15. Januar 1801) 130
2. Dislokation der bayerischen Armee im Februar und März 1801 . . 132

Einleitung.

Der Kurfürst von Bayern hatte sich Russland gegenüber durch den Vertrag von Gatschina verbindlich gemacht, 20,000 Mann zur Armee der Verbündeten stofsen zu lassen. Nun hatte diese Grofsmacht allerdings ihre eigenen Truppen zurückberufen, sich aber von der Koalition noch nicht losgesagt; es galt also das gegebene Wort zu lösen, wozu jedoch die nötigen Mittel schlechterdings fehlten. Das gesamte Ministerium war darin einstimmig, dafs dieselben aus den eigenen Hülfsquellen des Landes nicht zu entnehmen seien und sich weder durch Anlehen noch Steuern auftreiben liefsen, welch letztere zudem die Einwilligung der Stände erfordert hätten, die 'der Sache der Alliirten nicht besonders günstig gestimmt waren. So bildete sich denn die übereinstimmende Ansicht, dafs England allein hier dem Geldmangel abzuhelfen vermöge. Die Regierung dieses Landes war damals viel zu sehr bestrebt, Alles zu fördern, was den von ihr gegen Frankreich geplanten Angriff unterstützen konnte, um nicht auf die desfalls gemachten Eröffnungen einzugehen. Herr Wickham kam nach München, wo mit ihm unterhandelt und am 16. März 1800 ein Subsidien-Traktat abgeschlossen wurde, vermöge dessen Bayern ein Corps von 12,000 Mann zur Verfügung des Königs von England stellte und dagegen alle pekuniären Vorteile anzusprechen hatte, welche dem Landgrafen von Hessen-Kassel im Vertrag vom 30. März 1793, der dem gegenwärtigen zur Grundlage diente, zugesichert worden waren. Diese ganze Unterhandlung stiefs allerdings im Ministerrate auf grofsen Widerstand. Montgelas erhielt nun den bestimmten Befehl des Kurfürsten, in dieser Angelegenheit vorzugehen, aber nur noch ihm allein darüber Bericht zu erstatten, und so kam der Vertrag zu Stande, welcher ohne diesen festen Entschlufs wahrscheinlich nicht hätte abgeschlossen werden können. Derselbe erfuhr in damaliger Zeit allerdings manchen scharfen Tadel. Abgesehen von den gebräuchlichen Redensarten über Menschenverkauf,*) wollte man alle später eingetretenen Übelstände ihm zur Last legen; es wurde behauptet, dafs die Neutralität allein sich für Bayern schicke und ein Minister, der sich von derselben entferne, strafwürdig sei. Es war nun einmal unerläfslich, die Verpflichtungen zu erfüllen, welche zweifellos bestanden, wenn man sie auch nicht ganz freiwillig eingegangen war, sowie eine Armee zu schaffen, um sich Ansehen nach Aufsen zu sichern. Vor dieser schwerwiegenden Thatsache mufsten alle Rücksichten untergeordneter Art zurückstehen. Sofort wurden denn auch alle nötigen Mafsregeln ergriffen, um das zum Ausmarsch bestimmte Corps bereit zu stellen. In Bayern wurden unter Mitwirkung des engeren und weiteren (Landfahnen) Ausschusses 10,000 Mann ausgehoben, desgleichen fanden in der Unterpfalz Aushebungen statt, und im Frühjahr 1800 konnte ein Corps von 12,000 Mann bei Heidelberg und Donauwörth durch englische Kommissäre gemustert werden. Das Kommando über dasselbe erhielt der Generallieutenant von Zweibrücken. Aus den Depots, den überzähligen Rekruten, ausgedienten und noch unverheirateten Soldaten, dann Freiwilligen wurde eine Art Reserve unter dem Namen: »Auxiliar-Corps« gebildet; es zählte 14,000 Mann, und die hierauf erwachsenen Kosten hatte anfänglich Bayern allein zu tragen. Den Oberbefehl über das »Auxiliar-Corps« führte Herzog Wilhelm in Bayern, der um Verwendung nachgesucht hatte. Die Formation geschah in München.

---

*) Die sich vielfach kundgebende Unzufriedenheit hatte ihre historische Begründung. Denn es war noch wohl bekannt, wie die Kurfürsten Karl Albrecht und Maximilian III. Joseph ihre Truppen zu fremden Zwecken an Österreich und Holland verkauften, und zwar im ersteren Falle das Stück um den Spottpreis von 36 Gulden und im andern Falle gar nur um 25 Gulden. Wenige von diesen Unglücklichen sahen die heimatlichen Gefilde wieder.

1. Subsidien-Division unter Generallieutenant v. Zweibrücken.*)

Der am 16. März 1800 geschlossene Subsidien-Vertrag enthielt folgende Punkte:

Der Kurfürst von Bayern stellt ein Corps von 12,000 Mann, Infanterie und Kavallerie, zur Verfügung des Königs von Grofsbritanien. Die Kavallerie soll den elften Teil des ganzen Corps nicht überschreiten. Das Corps wird in Europa da verwendet, wo es der König von Grofsbritanien für nötig erachtet und zwar auf ein Jahr vom Tage der Musterung durch einen königlichen Kommissär. Das ganze Corps, sowie der General, welchem von seite des Kurfürsten das Kommando über dasfelbe übertragen werden wird, stehen unter den Befehlen jenes Generals en chef der alliierten Armee, den der König von Grofsbritanien bezeichnen wird. Immerhin bleiben die bayerischen Truppen unter den unmittelbaren Befehlen ihrer eigenen Offiziere und ihres bayerischen Generals; sie werden stets im Ganzen verwendet, ohne jemals verteilt zu werden, aufser wenn es der Kriegszweck absolut verlangt. An Artillerie zwei Geschütze per Bataillon mit der erforderlichen Munition. Die erste Hälfte wird zu Donauwörth oder Augsburg oder in einer andern Stadt Schwabens am 1. April durch einen königlichen Kommissär und die zweite Hälfte am 25. April gleichfalls an einem der angegebenen Orte gemustert werden. Für jeden Kavalleristen werden 80 Bankthaler (écus de banque), für jeden Infanteristen 30 Bankthaler bezahlt, den Thaler zu 4 Schilling gerechnet. Die eine Hälfte des Geldes wird an dem Tage bezahlt, an welchem die 1. Brigade von dem Kommissär gemustert wird, die andere Hälfte an jenem Tage, an welchem die 2. Brigade die Revue passiert haben wird. Der Kurfürst verpflichtet sich, das Corps stets komplet zu halten. Dem königlichen Kommissär steht es frei, einzelne Teile des Corps oder das ganze Corps Revue passieren zu lassen, doch soll das Corps nicht öfter als alle zwei Monate gemustert werden. Der König garantiert Bayern seinen Besitzstand, wie solcher vor dem Kriege bestanden. Das durch gegenwärtigen Vertrag festgesetzte Corps kann auf 20,000 Mann verstärkt werden.

Die dem Vertrag angehängten geheimen Artikel enthielten folgende Punkte:

Obgleich sich der König von Grofsbritanien durch diesen Vertrag das Recht vorbehalten hat, das bayerische Corps da zu verwenden, wo es ihm gutdünkt, so will der König als Beweis seiner freundschaftlichen Gesinnungen für den Kurfürsten, insofern es die Umstände gestatten doch zugeben, dafs das Corps zunächst dazu dienen solle, die pfalzbayerischen Staaten zu schützen oder an der nächsten französischen Grenze verwendet zu werden. Niemals aber solle es in Italien oder in den Niederlanden jenseits der Maas verwendet oder einbarkirt werden. Der Kurfürst wird zum Chef seines Corps eine Persönlichkeit bestimmen, die dem Könige genehm ist. Während des gegenwärtigen Vertrags übernimmt der Kurfürst

---

*) Kriegsarchiv 1800 I a b II a., 1800 I—VI, 1800 III, III—VIII, VII—XII, X—XII, 1801 I.

die Verpflichtung, sich in keinerlei Unterhandlungen mit Frankreich einzulassen; im Falle der Aufserachtlassung dieses Versprechens wird der Vertrag null und nichtig erklärt. Dagegen soll Bayern von Allem verständigt werden, was sich hierwegen ergiebt.*)

In einer Partikular-Konvention, München den 19. März, wurde noch folgendes festgesetzt:

Gagen, Löhnungen und Gebühren für 12,000 Mann werden von Monat zu Monat „immer in avance bezahlt." Naturalien, als Fourage, Brod, Fleisch, Holz und Stroh werden in natura an die Truppen verabreicht. Jeder Mann erhält an Fleisch ein halbes Pfund und an Brot ein und ein halbes Pfund bayerisches Gewicht; die schwere Pferderation besteht in zwölf Pfund Hafer und zehn Pfund Heu und die leichte in zehn.Pfund Hafer und sechs Pfund Heu nürnberger Gewicht. Die englischen Lieferanten sind verpflichtet, die Naturalien an jene Orte verbringen zu lassen, die ihnen von seite der Division bezeichnet werden. Der Division werden monatlich 48,000 Gulden zur Bestreitung kleinerer Ausgaben, wie Reparaturen der Monturen, Gewehre und des Lederwerks, Unterhalt der Zelte — die damals zum Heergeräte gehörten —, Bezahlung von Frachten und Porto, Anschaffung von Schreibmaterialien, Unterhalt der Musik-Instrumente etc. verabreicht. Alle gemachten Eroberungen gehören dem König von Grofsbritanien, mit Ausnahme der eroberten Ehrenzeichen, welche den Bayern verbleiben; die übrigen Gegenstände werden in englische Magazine abgeliefert; Pferde gehören dem, der sie erbeutet. Für zwei Weiber per Compagnie passieren jeder eine tägliche Fleischportion in natura. Alle Verluste vor dem Feinde werden ersetzt. Verbrauchte Munition wird um den Kostenpreis vergütet.**) —

Die französische Rheinarmee zählte 110,000 Mann in 4 grofsen Abteilungen. Der rechte Flügel unter Lecourbe an der Ost- und Nordgrenze der Schweiz, die Reserve unter Moreau in der Umgegend von Basel, das Centrum unter Gouvion St. Cyr zwischen Breisach und Strafsburg; der linke Flügel unter Sainte Suzanne dehnte sich bis Landau aus. Der Oberbefehl über die Rheinarmee lag wiederum in den Händen des General Moreau. Er war 37 Jahre alt und hatte sich im Jahre 1796 an der Spitze der Rhein- und Moselarmee durch seinen Rückzug Donauaufwärts und durch die Schwarzwaldpässe an den Rhein berühmt gemacht. Bei Cassano wurde er von Suworoff geschlagen. In dem Feldzuge von 1800 erfocht er jene Reihe von Siegen, die ihr Ziel vor den Mauern Wiens fand. Trefflich unterstützt wurde er von den Generalen Dessolles und Lahorie, die in der Schule Bonaparte's erzogen worden waren. Die Berichte Dessolles's, seines Generalstabschefs, über die Thätigkeit der Rheinarmee im Jahre 1800 gelten als Muster einer klaren und anschaulichen Darstellung. Der »Chef des Generalstabs des Centrums der

---

*) Martens, Recueil Suppl. 2, 256, 261 (2. Ausgabe 6, 707 und 713) verglichen mit den im geheimen Staatsarchiv befindlichen Originalien.

**) Kriegsarchiv 1800 VII—IX.

Armee«, Lahorie, war Moreau's Vertrauter; ohne ihn wurde nichts unternommen. Der Sous-Chef, General Fririon, und die Adjutanten Lamarque, Lemarois und Claparede waren wertvolle Organe der Befehlsgebung. Kurz, der Stab Moreau's war zusammengesetzt, wie man ihn nicht besser wünschen kann. An der Spitze der Truppen standen Generale, in denen sich das Feuer der Jugend mit einem lebendigen Unternehmungsgeist und einer eisernen Beharrlichkeit verband. Die Anführer wirkten auf die Offiziere der unteren Grade, die Offiziere auf die Bildung der Soldaten zurück, und so entstand endlich ein Ganzes, das den berühmtesten Heeren der alten und neuen Zeit in jeder Rücksicht gleich geachtet werden konnte, und in Verschiedenem sie alle übertraf. Wird dann noch auf die Kampfweise hingewiesen, welche die Franzosen angenommen, so war es kein Wunder, wenn sie der geistlosen Form Siege abrangen, welche die Welt in Erstaunen versetzte. Diese Kampfweise hat Carnot in seinem Bericht an den Wolfahrtsausschufs wie folgt charakterisiert, wenn er u. a. sagt: »Der Krieg mufs in Masse geführt werden, d. h. wir müssen auf allen Angriffspunkten die gröstmöglichste Menge Mannschaften und Artillerie aufstellen; wir müssen aber den Krieg stets angriffsweise führen. Den Generalen ist als die heiligste Pflicht vorzuschreiben, stets an der Spitze der Kolonnen zu fechten, um den Soldaten ein Vorbild von Mut und Hingebung zu sein; diese gewöhne man, niemals die Zahl der Feinde zu berechnen, sondern sie mit dem Bajonnet lebhaft anzugreifen, ohne sich lange bei dem Schiefsen und Manövrieren aufzuhalten. Denn unsere Soldaten, wie sie gegenwärtig sind, (1793), sind darauf nicht genug exerziert, ja sie sind nicht im mindesten darauf vorbereitet. Diese Art Krieg zu führen, ist ganz dem Charakter, der Gewandtheit und Lebhaftigkeit des französischen Volkes angemessen und mufs uns den Sieg verschaffen, schon weil sie die fremden Heere durch ihre Neuheit aus der Fassung bringen wird.«

Die österreichische Armee lag in der Gegend um Villingen und Donaueschingen, das Reserve-Corps in der von Stockach, und hatte nachstehende Avantgarden in das Rheinthal vorgeschoben. Die Avantgarde des Feldmarschall-Lieutenant Kienmayer in der Gegend von Kehl, vor den Defileen des Kinzig- und Renchthales;

die Avantgarde des Generalmajor Giulay in der Gegend von Freiburg, Alt-Breisach, vor den Defileen des Höllenthales;

die Avantgarde des Generalmajor Erzherzog Ferdinand in der Gegend der vier Waldstädte und von Basel;

die Avantgarde des Generalmajor Prinzen Joseph von Lothringen, an den Ufern des Rheins, zwischen dem Radolfzeller See und Schaffhausen. Diese Avantgarden beobachteten den Rhein und standen untereinander sowie mit dem Corps des Feldzeugmeisters Sztaray in Verbindung, das in der Gegend von Heidelberg und Bruchsal lag; bei diesem Corps befand sich die bayerische Kontingentsbrigade unter Generalmajor Bartels.*) Sztaray, die Ufer des Rheins bis in die Gegend von Rastatt beobachtend, unterhielt mit dem mainzischen Kanzler Albini, der am Main stand, Verbindung. Zur Deckung von Vorarlberg und Tirol war Prinz Reufs mit 25,000 Mann bei Feldkirch. In den Festungen Ulm, Philippsburg und Ingolstadt und auf der Veste Marienberg bei Würzburg befanden sich nur 7500 Mann. Eine gut ausgerüstete Flottille unter William auf dem Bodensee. Die Gesamtstärke wird zu 143,250 Mann angegeben, wovon auf die Reichs- und Subsidientruppen etwa 34,000 Mann treffen. Unter den letzteren befanden sich die bayerische Subsidien-Division und die Kontingentsbrigade, 15 1/2 Bataillone und 6 Schwadronen; ferner Mainz 6 Bataillone und 3 Schwadronen; Württemberg 7 Bataillone und 3 Schwadronen; Schwaben 3 Bataillone; Köln und Braunfels 1 Bataillon; Franken 4 Bataillone und 2 Schwadronen; Trier 1 Bataillon; Würzburg 2 Bataillone und 3 Schwadronen (würzburgische und bambergische Dragoner); Salzburg 1 Bataillon und 5 Bataillone Schweizer.

Nachdem es einer Partei von Intriganten, welche den Einflufs und das Genie des Erzherzogs Karl fürchteten, gelungen war, diesen beim Kaiser zu verdächtigen und vom Kommando zu entfernen, erhielt der fünfundsechzigjährige Feldzeugmeister Kray den Oberbefehl. »Man schien es darauf abgesehen zu haben, den Franzosen die Arbeit zu erleichtern, indem vor Beginn des Feldzugs Erzherzog Karl vom Oberkommando abberufen wurde.« Auf ihn erschien, sagt ein Zeitgenosse**) der Feldzeugmeister Kray, wie der umwölbte Mond auf das helle Sonnenlicht. Kray hatte sich zwar in dem Feldzug von 1799 als sehr tüchtig erprobt. Er hatte den französischen General Scherer bei Verona, Legnago und Magnano geschlagen und Mantua genommen, ferner zu den Erfolgen bei Novi und Fossano wesentlich beigetragen. Aber seine Kriegführung vom Jahre 1800 war vom Glück gar nicht begünstigt, — und Scherer war leichter zu schlagen als Moreau. »Le terrible Kray, le fils

---

*) Siehe weiter unten: „Die Kontingentsbrigade unter Generalmajor v. Bartels."
**) Über den Feldzug im Sommer und Winter des Jahres 1800. Von einem Offizier der alliierten Truppen im Laufe des Feldzuges verfafst. 1801, 12, 13.

chéri de la victoire«, wie ihn die Franzosen im Jahre 1799 nannten, war im Jahre 1800 nicht mehr zu erkennen. Aus dem kühnen Manne war ein Zauderer geworden! Seine Gehilfen, die Generale Schmidt und Chasteler und der Oberst Weyrother, scheinen ihrer Aufgabe nicht gewachsen gewesen zu sein. Namentlich soll Oberst Weyrother einen zu weit gehenden Einfluſs geäuſsert haben, der nicht von Vorteil war. Er wird geschildert als ein leichtsinniger intriganter Mann, der, wenn auch nicht ungeschickt, doch erst nach den Schlachten von Hohenlinden und Austerlitz, viel zu spät für Österreich, starb.

Die bayerische Subsidien-Division bestand aus:

8 Bataillonen Infanterie, 2 Bataillonen Grenadiere, welche aus den vorhandenen Grenadier-Compagnien der Bataillone gebildet wurden,*) 2 Bataillonen Füsiliere oder Feldjäger, zusammen 12 Bataillone, jedes zu 4 Compagnien mit je 200 Mann, machte mit Inbegriff der Offiziere und des Stabes 9670 Mann
2 Compagnien Scharfschützen 452 »

	Summa der Infanterie	10,122 Mann
Einem Kavallerie-Regiment zu 6 Schwadronen mit Stab		1017 Mann
Artillerie-Stab	6 Mann	
Stückknechte	72 »	
3 Compagnien mit Offizieren	285 »	
1 Batterie reitende Artillerie	106 »	
Reserve-Artillerie	40 »	
Summa der Artillerie	509 Mann	509 »
Generalstab der Armee	35 »	
Profosenamt	22 »	
Knechte oder Fourierschützen	288 »	
	345 Mann	345 »
Summa der Streitbaren		11,993 Mann

*) Aus den Grenadiercompagnien der Bataillone wurden, nachdem durch die Formation von 1799 die Grenadierregimenter als solche aufgelöst worden waren, im Lager bei Donauwörth (wo sich die Brigade Deroy sammelte) ein bayerisches unter Oberstlieutenant Graf Reuſs und in Heidelberg (wo sich die Brigade Wrede sammelte) ein pfälzisches unter Oberstlieutenant Siebein formirt, zu welchen so weit als nöthig die ältesten Offiziere eines jeden Dienstgrades versetzt wurden. Diese Grenadiere erhielten, nachdem schon 1799 die Einführung der so beliebten blauen Monturen wieder verfügt war, diese Uniform vor allen übrigen Infanterietruppen und zur besonderen Auszeichnung auf den Hüten einen rothen Federbusch. Die Bestimmung der Grenadiere war für den Feld- und Vorpostendienst und genossen sie, obwohl im Felde eine ununterbrochene Thätigkeit von ihnen gefordert wurde, doch

Geschütze: 2 Sechspfünder oder Haubitzen per Bataillon, macht für 12 Bataillone 24 Geschütze:
18 Sechspfünder Kanonen und 6 Haubitzen;
Reitende Batterie:*) 6 Kanonen und 2 Haubitzen,
zusammen: 24 Kanonen und 8 Haubitzen.

Pferde: Kavalleriepferde mit Offizierspferden	1190	Pferde,
Fuhrwesen der Artillerie	1480	»
Pferde der Infanterie	517	»
Pferde des Profosenamtes	20	»
Pferde der Lazarette	15	»
Pferde des Generalstabs der Armee	165	»
Summa der Pferde:	3396	Pferde.

Ordre de bataille
der Subsidien-Division.

Commandeur: Generallieutenant Freiherr von Zweibrücken. Generalstabsoffiziere: Oberst von Triva**), Generalquartiermeister; Major von Seiboltsdorff und Major v. Ribaupierre, Generalquartiermeisterlieutenants.

Vortheile mancher Art vor der übrigen Infanterie, welche meist in Lagern oder Bivouaks leben musste, während die Grenadiere häufig in Dörfer gelegt wurden, und hier auch im Punkte der Verpflegung oft besser daran waren. Schintling v. Tagebuch 1787—1824, Auszugsweise Bearbeitung, Seite 94, 95.

*) Die reitende Batterie war i. J. 1799 errichtet worden. Man verschrieb sich den Lieutenant v. Schweinichen aus Preußen, welcher am 8. August 1799 als Hauptmann der Artillerie angestellt wurde, um sich dem Geschäfte zu unterziehen, eine reitende Batterie einzuführen. (König Friedrich der Große hatte sie im J. 1759 errichtet und nachdem sie bei Kunersdorf verloren gegangen, sogleich wieder herstellen lassen. General Finck verlor sie zum zweitenmal bei Maxen, indefs der König wurde nicht müde, sie zum drittenmal neu zu errichten). Modelle und Mustergeschirre kamen aus Berlin, sechzehn Kaliber lange Sechspfünder. Am 30. August wurde mit den Vorbereitungen begonnen — 12 Mann abgerichtet, 2 Kanonen gegossen, affutirt u. s. w., Alles nach preufsischem Muster eingerichtet. Bei Hohenlinden fiel sie in französische Hände, wurde hierauf wieder errichtet und — nachdem sie bald dem Artillerieregiment einverleibt, bald selbständig gemacht worden war, am 14. März 1804 aufgelöst. Sie erlag dem Neid und der Eifersucht der übrigen Artilleristen. Hofkriegsrathsakten Akt. No. 124. Bei der Auflösung befanden sich bei der Batterie: 1 Major (Schweinichen), 1 Capitain (Tausch), 1 Oberlieutenant (Caspers), 2 Unterlieutenants (Willenfels und Rohr).

**) Kurze Zeit war dem Oberst Triva das Kommando über die 2. Brigade übertragen (16. März 1800) und Oberst v. Wrede zu einer „anderen Verwendung" in Aussicht genommen worden. Triva übergab infolge dessen sein Kommando in Philippsburg an den Oberstlieutenant Ranson. Am 19. März meldet Triva die Uebernahme der Brigade. Dieser Befehl wurde annullirt, denn am 30. März wurde

1. Brigade: Generalmajor von Deroy.

Grenadierbataillon Reuſs	1 Bat.	2 Gesch.
Feldjägerbataillon Metzen (15. Inf.-Regt.)	1 »	2 »
Bataillon Minucci (2. Inf.-Regt.)	1 »	2 »
Bataillon Zedtwitz (7. Inf.-Regt.)	1 »	2 »
Bataillon Spreti (6. Inf.-Regt.)	1 »	2 »
Bataillon Schloſsberg (11. Inf.-Regt; 1806 an Berg abgegeben)	1 »	2 »
	6 Bat.	12 Gesch.

2. Brigade: Oberst von Wrede.

Grenadierbataillon Siebein	1 Bat.	2 Gesch.
Feldjägerbat. Cloſsmann (15. Inf.-Regt.)	1 »	2 »
Bataillon Dallwigk (9. Inf.-Regt.)	1 »	2 »
Bataillon Buseck (3. Inf.-Regt.)	1 »	2 »
Bataillon Pompei (10. Inf.-Regt.)	1 »	2 »
Bataillon Zoller (3. Inf.-Regt.)*)	1 »	2 »
2 Compagnien Scharfschützen**)	2 Comp.	
	6 Bat. 2 Comp.	12 Gesch.

Wrede, „zum Brigadier der rheinpfälzischen Brigade der Subsidientruppen" und Oberst Triva am gleichen Tage zum „Generalquartiermeister" ernannt. Am 2. April 1800 übernahm Oberst Wrede das Brigade-Kommando.

*) Nach einer Kabinetsordre vom 30. März 1800:

das 1. Grenadierbataillon kommandiert Oberstlieutenant Siebein,
„ 2. „ „ Oberstlieutenant Graf Reuſs,
„ ehemalige Bataillon Siebein kommandiert Major v. Dallwigk,
„ „ „ Wrede „ Major v. Zoller,
„ „ „ Junker „ Major Graf Pompei,
„ „ „ Buseck „ Oberstlieutenant v. Buseck,
„ Feldjägerbataillon Schwiegeld „ Oberstlieutenant v. Cloſsmann,
„ ehemalige Bataillon Kurprinz „ Oberstlieutenant Graf Minucci,
„ „ „ Morawitzky „ Major Graf Zedtwitz,
„ „ „ Herzog Wilhelm kommandiert Major Graf Spreti,
„ „ „ Dallwigk kommandiert Major v. Schloſsberg,
„ kombinierte Feldjägerbataillon „ Major v. Metzen.

Am 31. März 1800 wurde befohlen, daſs die ins Feld gestellten Bataillone den Namen ihrer Commandeure zu führen haben.

Einige Bataillone wechselten ihre Commandeure:

Als Oberstlieutenant Siebein zum Obersten befördert wurde, erhielt Oberstlieutenant Graf Pompei sein Bataillon (26. Mai);

Major Dallwigk erhielt das Bataillon Pompei und Major Lamotte das Bataillon Dallwigk (1. September);

das Feldjägerbataillon Cloſsmann erhielt Major Graf Preysing (20. Juli);

das Bataillon Zedtwitz erhielt, nachdem Oberstlieutenant Graf Zedtwitz bei Neuburg gefallen war, der Major v. Stengel (am 20. August).

**) Am 11. März 1800 wird Hauptmann v. Kesling „zum kommandierenden Major" dieser beiden Compagnien ernannt.

Kombiniertes Chevaulegers-Regiment: Oberst v. Dorth, 6 Schwadronen.*)
Artillerie-Abteilung: Major Tischleder.

Fußbatterie Lamey 6 Geschütze,
» Deyrer 6 »
» Halder 6 »
» Steiner 6 »
Reitende Batterie Schweinichen 8 «
Summa: 32 Geschütze.

Die Subsidien-Division war somit stark: 12 Bataillone, 2 Compagnien, 6 Schwadronen, 4 Fußbatterien, in der Art, daß jedes Bataillon 2 Geschütze mit sich führte, 1 reitende Batterie.

Wir finden zwar hier eine Art von Regimentseinteilung bei der Infanterie, welche aber der eigentlichen nicht entspricht. Es bildeten nämlich immer zwei beliebige Bataillone, d. h. wenn ein dritter Stabsoffizier vorhanden war, eine Masse, welche man Regiment zu nennen beliebte. So bildeten bei der 1. Brigade die Bataillone Spreti und Schloßberg ein Regiment unter Major von Weinbach, bei der 2. Brigade die Bataillone Dallwigk und Zoller ein Regiment unter Major von Lamotte und dann unter Oberst Siebein und die Bataillone Pompei und Buseck ein Regiment unter Oberst von Karg. Am 17. März wurde ein eigener Regimentsstab ernannt. In rechnerischer und justizieller Beziehung bildeten ferner eigene Gruppen

---

*) Commandeur des Regiments Oberst v. Dorth vom Chevauleger-Regiment Kurfürst, jetzt Nr. 4.
1. Eskadron: Eskadrons-Chef Oberst v. Dorth.
 Rittmeister Graf Seyssel d'Aix von demselben Regiment.
2. Eskadron: Eskadrons-Chef Major Graf Vieregg vom Dragoner-Regiment Taxis, jetzt 2. Chevaulegers-Regiment.
 Rittmeister Graf Yrsch vom Chevaulegers-Regiment Fürst Brezenheim, jetzt 3. Chevaulegers-Regiment.
3. Eskadron: Eskadrons-Chef Major Karl Graf Pappenheim vom Chevaulegers-Regiment Fürst Brezenheim, jetzt Nr. 3.
 Rittmeister Baron Bourscheid von demselben Regiment.
4. Eskadron: Eskadrons-Chef Major Baron Loé vom Chevaulegers-Regiment Leiningen, jetzt Nr. 5.
 Rittmeister Elbracht von demselben Regiment.
5. Eskadron: Eskadrons-Chef Major Fritz Graf Pappenheim vom Chevaulegers-Regiment Fugger, jetzt Nr. 3.
 Rittmeister v. Viertel von demselben Regiment.
6. Eskadron: Eskadrons-Chef Major Baron Blankart vom Chevaulegers-Regiment Kurfürst, jetzt Nr. 4.
 Rittmeister v. Laroche von demselben Regiment.

die Bataillone Minucci und Zedtwitz, die Feldjägerbataillone Clofsmann und Metzen, die Grenadierbataillone, das Kavallerieregiment und die Artillerie. Da der Divisions-Commandeur nach wie vor für die Selbstständigkeit der Bataillone war, die beiden Brigade-Commandeure aber die Regimentseinteilung vertraten, so kam es von Zeit zu Zeit zu Differenzen, die nicht sehr erbaulich waren. Die Infanterie erhielt ein geschriebenes Felddienst-Reglement unter dem Titel: »Anhang zu dem Kriegs-Reglement für die Infanterie, wie der Dienst im Felde geschehen soll.« Die Artillerie hatte am 12. April ein geschriebenes provisorisches Reglement, den Dienst der im Felde stehenden Artillerie betreffend, erhalten. Das Kavallerie-Regiment war mit Offizieren reichlich versehen, wohl mehr des englischen Soldes, als der Notwendigkeit wegen.*)

Generallieutenant v. Zweibrücken, ein Sohn des Herzogs Christian IV. von Pfalz-Zweibrücken aus seiner morganatischen Ehe mit einem Fräulein Camasse, stand im 48. Lebensjahr. Er hatte seine militärische Laufbahn in französischen Diensten, im Regiment Zweibrücken i. J. 1768 begonnen. Nachdem er i. J. 1786 »brigadier des armées du Roy« geworden, wurde er zwei Jahre später »maréchal de camp et colonel propriétaire.« In französischen Diensten wohnte er den Feldzügen von 1780 bis 1783 in Amerika bei. Nach Ausbruch der Revolution verliefs er den französischen Dienst und trat i. J. 1792 mit dem Charakter eines Generalmajor in das preufsische Heer, mit welchem er die Feldzüge der neunziger Jahre mitmachte. Nachdem Herzog Max von Zweibrücken Kurfürst von Pfalz-Bayern geworden war, erhielt er i. J. 1799 die Erlaubnis in bayerische Dienste zu treten. Er wurde hier als Generallieutenant à la suite der Infanterie angestellt und bald darauf zum wirklichen Generallieutenant ernannt. Im März 1800 erhielt er das Kommando über die Subsidien-Division, nachdem ihm kurz vorher das pfälzische Provinzial-Kommando übertragen worden. Er starb i. J. 1817 in

---

*) Nicht ohne Interesse dürfte es sein, das Kartenmaterial kennen zu lernen, welches damals im Gebrauch war. Am 9. April 1800 wurde dem Generallieutenant v. Zweibrücken gestattet, nachstehende Karten anzuschaffen: 1. Die Karte vom Odenwald von Haas; 2. Karte von Württemberg von Bohnen; 3. Théatre de la guerre des pays limitrophes de l'Allemagne et de la France entre le rhin et la moselle publié en 6 feuilles par Rheinwald; 4. Lauf des Neckar von Heilbronn bis Mannheim; 5. La grande nouvelle carte de poste de route d'Allemagne et des provinces limitrophes; 7. Der schwäbische Kreis topographisch in 6 oder 7 Blättern. (Kriegsarchiv 1800 IV.)

München als General der Infanterie. Der Feldzug von 1800 mit seinen widerwärtigen Erfahrungen scheint ihm alle Lust benommen zu haben, wieder ein Kommando zu übernehmen; in keinem der spätern Feldzüge geschieht seiner mehr Erwähnung. — Sein Generalstabs-Offizier, Oberst v. Triva, zählte 45 Jahre. Er hatte sich als Bataillons- und Regiments-Commandeur in den neunziger Jahren hervorgethan. Vom Commandeur des »bayerischen Kreiskontingents«, in Philippsburg weg, wurde er i. J. 1800 anfänglich zum Brigade-Commandeur, dann zum Generalquartiermeister, »um die ökonomischen Geschäfte bei der Subsidien-Division zu versehen«, ernannt. Im Jahre 1800 Generalmajor und 1804 Generallieutenant trat er in letzterem Jahre an die Spitze des »geheimen Kriegsbureau's«, welches i. J. 1808 Ministerium des Kriegswesens, 1817 Staatsministerium der Armee, 1822 Armee-Ministerium und seit 1826 Kriegsministerium genannt wurde. Diese Stelle bekleidete er bis zu seiner Verabschiedung i. J. 1822. Er erwarb sich in derselben große Verdienste um die Neugestaltung des Heeres. Die Einführung des Avancements nach der Anciennetät, welches vielen Inconvenienzen vorbeugte, ist sein Verdienst; strenge hielt er an demselben. Dagegen schädigte er die Offiziere in ihren Avancements i. J. 1813 dadurch, daß er dem Wunsche des Ministers Montgelas, die Legions-Bataillone mit Linien-Offizieren zu besetzen, aus unerklärlichen Gründen, nicht nachkam. Es muß dieß geradezu als ein Undank bezeichnet werden, den sich der Minister gegen ein Offizier-Corps zu schulden kommen ließ, welches ganz wesentlich zu dem guten Rufe beitrug, den sich das Heer nach langer Vernachlässigung erwarb. Die weitere traurige Konsequenz, welche aus dieser Unterlassung entsprang, war die, daß nach Beendigung der Befreiungskriege ein großer Teil dieser Legions-Offiziere in die Linie übertrat und den Lieutenants der Linie das Avancement auf viele Jahre versperrte. Triva starb i. J. 1827 als General der Artillerie. — Von den beiden Brigade-Commandeuren befand sich Deroy bereits im 57., dagegen Wrede erst im 33. Lebensjahre. Der erstere, seit 1792 Generalmajor, war ein vielerfahrener Mann, der schon die Feldzüge von 1757 und 1758 im Hannover'schen mitgemacht, in der Schlacht bei Hastenbeck die Leibfahne des damaligen Prinz Karl'schen Regiments getragen und sich bei dem Bombardement von Düsseldorf befunden hatte. 1795 Kommandant von Mannheim, mußte er diesen damals wichtigen Platz ohne Gegenwehr, auf kurfürstlichen Befehl, dem Feinde ausliefern. Im Jahre 1800 erhielt er das Kommando über die 1. Brigade der Subsidien-Division. — Für die administrative Laufbahn bestimmt, wurde Wrede, nachdem er seine Studien an der Universität Heidelberg vollendet, kurz vor dem Auflodern des Revolutionskrieges, Landeskommissär bei dem österreichischen Armee-Corps, das unter Hohenlohes Befehle sich bei Schwetzingen sammelte. Hierauf Oberlandeskommissär mit dem Oberstentitel nacheinander bei Wurmser, Herzog Albert von Sachsen-Teschen, Clerfait und Erzherzog Karl war ihm vielfache Gelegenheit geboten, mancherlei Erfahrungen zu sammeln. 1799 wurde er wirklicher Oberst und mit der Errichtung eines Bataillons beauftragt. An der Spitze dieses Bataillons führte er, wie bereits gezeigt worden, mit grofsem Geschick den kleinen Krieg am untern Neckar; eine Reihe schöner Erfolge, die von seinem trefflichen militärischen Blick zeugen, kennzeichnen sein erstes kriegerisches Auftreten. Bei der Aufstellung der Subsidien-Division erhielt er das Kommando über die 2. Brigade. Beiden Generalen gebührt das grofse Verdienst, den Kurfürsten ganz besonders bei der Reorganisation des Heeres unterstützt zu haben. Sie waren es, welche dem hergebrachten Schlendrian und geistlosen Zopfwesen energisch auf den Leib rückten — ein Kampf, der zwar lange dauerte, aber endlich doch siegreich für die bessere Einsicht endigte, wozu namentlich der Einflufs, den die Verbindung mit den Franzosen äufserte, beitrug.

In der Instruktion, welche dem Divisions-Commandeur erteilt wurde, fanden sich die schönen Worte: »Meine Truppen sind tapfer und treu, die Jahrbücher der Geschichte bezeugen dieses auf eine ehrenvolle Art. Seit dreifsig Jahren waren dieselben aber durch eine fehlerhafte Verwaltung gleichsam gelähmt. Ich befehle daher gedachtem Generallieutenant bei seinem aufhabenden Kommando die unerschütterlichste Strenge mit der gewissenhaftesten Gerechtigkeit zu vereinigen, um sich die ungetheilte Achtung der sämmtlichen Untergebenen zu verschaffen.« Ferner enthielt die Instruktion noch folgende Punkte. Alle militärischen Verbrechen sollen bei dem Corps selbst durch einen von dem Commandeur hierzu ernannten Kriegsrat gerichtet und das Urteil ohne Einmischung des Kriegs-Kollegiums vollstreckt werden. In dem einzigen Fall aber, in welchem der Commandeur den Schuldigen etwa einer Begnadigung würdig erachten sollte, ist der Ausspruch des Kurfürsten zu erholen. Der Commandeur kann jeden Offizier vom Dienste suspendieren oder von der Division wegschicken, der sich gegen die Subordination vergeht, Erpressungen zu schulden kommen läfst, oder Soldaten das Marodieren gestattet. Dem Commandeur wurde das »Recht zugestanden, alle diejenigen Änderungen in den Reglements vorzunehmen, welche zum Besten des Dienstes dienen.« Alle Meldungen gingen unmittelbar an den Kurfürsten. Betraf der Gegenstand politischstreitige Gegenstände, so war der Divisions-Commandeur angewiesen, sich an den Minister Montgelas zu wenden.

Die erste Brigade unter Generalmajor v. Deroy rückte am 23. April nebst 3 Schwadronen des Chevaulegers-Regiments und $1/2$ reitenden Batterie in ein Lager bei Donauwörth, wurde dort am 26. April von einem englischen Kommissär gemustert und trat in englische Verpflegung. Am 5. Mai setzte sie sich in Bewegung und sollte über Lauingen, Fahlheim, Ehingen, Neufen, Möfskirch und Liptingen am 13. bei Aldingen eintreffen, um sich mit der 2. Brigade zu vereinigen. Allein die am 3. und 5. Mai vorgefallenen nachteiligen Treffen bei Engen und Möfskirch änderten die Marschroute, und sie mufste über Dillingen, Günzburg, Söflingen, Kloster Eggenbach, dann wieder über Baustetten und Pfuhl nach Günzburg und von da, am 12. Mai, auf das Glacis von Ulm marschieren. Am andern Tag rückte sie in die feste Stellung bei Ulm und bezog bei Kloster Elchingen ein Lager. Das zur 1. Brigade gehörige Bataillon Schlofsberg, längere Zeit bei Heidelberg stehend, war am 11. Mai mit dem Hohenlohe'schen Corps aus jener Gegend aufgebrochen und in Eilmärschen nach Elchingen gezogen, wo es am 17. bei seiner Brigade einrückte. Immer noch in einem halbfertigen Zustand, wurde es am 19. Mai nach Neuburg an der Donau geschickt. Dort mufste es die Grenadier-Compagnie, nachdem dieselbe auf 160 Mann altgedienter Mannschaft ergänzt war, an das Grenadierbataillon Reufs abgeben. Der Rest, fast blofs aus Rekruten bestehend, sowie die in Neuburg noch weiter eingestellten Rekruten, sollten dort dienstbar gemacht werden; dem Bataillon fehlten jedoch immer noch 150 Rekruten.

Die 2. Brigade unter Oberst v. Wrede, welcher gleichfalls $1/2$ reitende Batterie und 3 Schwadronen zugeteilt worden waren, war am 9. April bei Heidelberg von einem englischen Kommissär gemustert worden.[*] Schon am 7. April hatte Kray den Befehl an Oberst Wrede ergehen lassen, er sollte nach Hechingen marschieren. Dagegen protestierte Wrede unterm 9. April aus Heidelberg aus nachfolgenden Gründen: »aus dem beigeschlossenen Zeugnifs des englischen Oberstlieutenants und Inspektors Blondeau belieben sich Euer Excellenz zu überzeugen, das zwar dafs Schwiegeld'sche Bataillon ausgenommen, der in hiesiger Gegend befindliche gröfsere

---

[*] Siehe Anmerkung auf der nächsten Seite.

Theil meiner Brigade heute die Musterung passirt hat, dafs aber ein grofser Theil der gezogenen Kompletirungs-Milizen noch nicht montirt, die Scharfschützen-Kompagnie gar nicht gekleidet, gleichwohl, wie sich der englische Oberstlieutenant Blondeau selbst überzeugt hat, täglich 120—140 Schneider beschäftigt sind, um die Montirungsstücke zu fertigen.« Vor Ende April könne die Montierung nicht fertig werden. Es fehle ferner zwar nicht an Pferden, aber an Geschirr und Packsättel. Endlich stehe das Feldjäger-Bataillon noch immer unter dem Kommando der Rheingrafen Salm; er bitte um Ablassung dieses Bataillons, welches einen Bestandteil seiner Brigade bilde. Schon unterm 26. Februar 1800 wurde für die Rheinpfalz ein Milizenzug, von dem soeben Erwähnung geschah, angeordnet. Es sollten behufs Ergänzung der Regimenter 2400 Mann im Alter von 18 bis 30 Jahren auf 6 Jahre ausgehoben werden. Auf dafs die Staatsmaschine nicht stocke, waren alle wirklich Dienstleistenden vom Oberbeamten bis zum Amtsboten, ferner Schullehrer und Wundärzte u. s. w. befreit. Werde das Quantum nicht erreicht, so solle zu einem »Komplettierungs-Additional-Auszug« geschritten, und Ledige bis zum 40. Lebensjahre ausgehoben werden. Ersatzmannstellung gegen Erlag von 300 Gulden war gestattet. Ein grofser Teil der Ausgehobenen machte hiervon Gebrauch. In Mannheim z. B., welches 200 Mann zu stellen hatte, kauften sich bis auf 20 Mann alle übrigen los.

Am 23. April brach die 2. Brigade aus ihren Sammelplätzen

---

*) Corps subsidiaire Bavaro-Palatin.
Resumé de la revue passée de la seconde partie de la 1ière division du corps bav.-palat. par ordre de S. Exc. Mr. le ministre Wikham à Heidelberg le 9 avril 1800.

	hommes	chevaux d'officiers	chevaux de voitures
Etat major général	8	51	—
Bataillon Wrede	826	48	—
„ Siebein	822	37	—
„ Buseck	824	41	—
„ Grenadiers	610	29	—
„ d'infanterie légère	825	29	—
une compagnie chasseurs	233	15	—
artillerie	48	—	—
Equipage et chariots	52	6	259
Hôpital ambulant	9	5	—
Total	4257	273	259
Première partie passée en revue à Donauwörth	1754	253	711
Total de la division	6011	526	970

Rohrbach, Wiesloch und Kirchheim auf und marschierte über Bruchsal (24.), Bretten (25.), Pforzheim (26.), Weil die Stadt (28.), Rottenburg (29.) und Hechingen (30.) nach Wellendingen;*) am 3. Mai stand die Brigade bei Aldingen. Oberst Prohaska und Hauptmann Haller wurden der Brigade zugeteilt, um Generalstabsdienst bei ihr zu versehen.

Gegen Ende April eröffnete Moreau mit einem Scheinangriff in der Front des Schwarzwaldes den Feldzug. Kray rückte ihm entgegen, schwächte sich am Bodensee, der Stütze seines linken Flügels, und vernachlässigte die Grenze der Schweiz. Die französische Armee ging bei Stein über den Rhein und schlug die Österreicher am 3. Mai bei Engen und Stockach. Mit Anbruch des folgenden Tages, 4. Mai, trat die geschlagene Armee, nachdem sie den von Waldshut zurückgegangenen Erzherzog Ferdinand aufgenommen hatte, den Rückzug nach Möfskirch an, wo sie eine koncentrierte Stellung nahm; auch Giulay hatte sich dort eingefunden. Die Brigade des Obersten Wrede, während der Kämpfe des 3. bei Aldingen stehend, war am 4. über Tuttlingen bis Neuhausen ob Eck marschiert, wo sie Abends 10 Uhr eintraf. Die Bayern waren hier über eines ihrer berühmtesten Schlachtfelder marschiert. Hier hatten sie unter Feldmarschall Franz Mercy, am 24. November 1643, einen herrlichen Sieg über die Franzosen unter Ranzau errungen. Graf Ranzau, anstatt »sich den Halskragen in bayerischem Blute waschen« zu können, wie er in der übermütigen Art seiner Nation geprahlt hatte, mufste seinen Degen vor Mercy strecken. 8 Generale, 9 Obersten, 12 Stabsoffiziere, 240 Subalternoffiziere, 7000 Mann, 10 Geschütze und grofse Massen Gepäcks waren den Bayern in die Hände gefallen, deren Verlust sehr gering war; die Franzosen zählten beiläufig 4000 Mann an Toten und Verwundeten. Noch nie waren die Franzosen in dem unheilvollen Kriege so tief in Deutschland eingedrungen; aber noch nie waren sie auch so tüchtig geschlagen worden. Von Neuhausen marschierte Wrede nach Buchheim; er kam eben dort an, als der Gegner den Feldzeugmeister Kray von Möfskirch »weggedrückt« und den Erz-

---

*) Brigadestab am 30. April in Wellendingen; Fufsjäger am 1. Mai Villingen; Bataillon Schwiegeld am 1. Mai Neukirch; Bataillon Siebein am 2. Mai Rottweil; Bataillon Zoller am 1. Mai Schomberg und Zepfenhan; Bataillon Lamotte am 2. Mai Schörzingen und Weilen; Bataillon Pompei am 30. April Aldingen; Bataillon Buseck am 2. Mai Wilflingen und Denkingen; Chevaulegers am 29. April Neutra, Altstadt, Göllsdorf und Feckenhausen; Reserve-Artillerie und Fuhrwesen am 1. Mai Frittlingen; Spital Dotternhausen.

herzog Ferdinand von der Armee abgeschnitten hatte. Das Bataillon Pompei von Buchheim über Thalheim zur Verbindung mit dem Erzherzog Ferdinand entsendend, liefs Wrede die Bataillone Siebein, Zoller und Lamotte aufmarschieren, rückte, die Bataillone Buseck und Clofsmann unter Oberst Kray als Reserve zurückhaltend, mit klingendem Spiele dem Feinde entgegen und erstürmte die Waldungen zwischen Bietingen und Krummbach. Wrede bewies hierdurch, dafs die Anschauungen, welche damals in Betreff der Angriffe auf Waldungen in der österreichischen Armee herrschten, nicht zutreffend waren. Graf Sztaray hatte nämlich unterm 29. März dem Obersten Wrede einige taktische Winke zugehen lassen,· worunter sich auch jener befand: »Die Waldattacken fallen meistens unglücklich aus, weil die Franzosen im Einzelnen mehr Gewandtheit, wie auch im Schiefsen haben.«· Umsonst war jedoch das von Wrede mit grofser Kühnheit und Umsicht ausgeführte Eingreifen in die Schlacht, denn als Vandamme über Wald vorrückte, wurde der Rückzug angetreten. Wrede blieb mit den Bataillonen Siebein, Zoller und Lamotte und seinen 3 Eskadronen stehen, um den Rückzug zu decken. Erst gegen 10 Uhr, bei stürmischer dunkler Nacht, ging er zurück, verirrte sich, erreichte aber doch schliefslich, nachdem er einige feindliche Abteilungen, auf die er gestofsen, auf die Seite geworfen, Buchheim, wo bereits die drei andern Bataillone seiner Brigade: Pompei, Buseck und Clofsmann, sowie der Erzherzog Ferdinand eingetroffen waren. Hier wurde Halt gemacht und einige Stunden geruht. Die Brigade hatte einen Verlust von 251 Toten und 211 Verwundeten und Gefangenen; unter letzteren 7 Offiziere, zu welchen die Majore Zoller und Dallwigk gehörten. »Es schmerzt mich und die ganze Truppe um da mehr, dafs wir unsere Vortheile nicht verfolgen konnten, da wir solche zu theuer erkauft hatten.«*) Die Artillerie und das Bataillon Zoller hatten erhebliche Verluste.

Am 6. Mai ging die Brigade bei Gutenstein über die Donau, und rückte in die Stellung Kray's bei Sigmaringen. Zur Deckung der Magazine von Biberach ging Kray in der Nacht vom 7. auf den 8. bei Sigmaringen wieder an das rechte Ufer der Donau und nahm hinter der Schlucht von Biberach Stellung.**) Die Brigade

---

*) Wrede an den Kurfürsten, Lager bei Sigmaringen, 6. Mai 1800. K. A. 1800 III—VIII.

**) „Cette position" — bei Biberach zum Schutze der dortigen Magazine — „purement defensive dénotait combien le moral des troupes impériales s'était affaibli par le revers, et monsieur de Wrede, qui commandait alors le contingent bavarois, avouait douze ans plus tard, à Saint-Cyr, que le maréchal Kray lui-même se

des Obersten Wrede war gleichzeitig bei Riedlingen über die Donau gegangen, und traf nach einem sehr beschwerlichen Marsch um Mitternacht bei Bergerhausen (östlich Biberach) ein.

Schon am folgenden Tage (9.) griff die französische Armee wieder an, und zwang die Österreicher zum Rückzug nach Memmingen. Die Brigade Wrede, welche sich bei der Arrieregarde befand, traf am 10. gegen Mittag dort ein und übernahm sofort den Vorpostendienst auf der Strafse nach Wurzach. »Überzeugt, dafs wenn es dem Feinde gelingt, einen Punkt zu werfen, die ganze Armee in den Defilees auf der Strafse nach Illertissen oder jener nach Mindelheim in die gröfste Unordnung gerathen müfste, beschwor mich der Feldzeugmeister Kray, dem Feind das Durchdringen zu verhindern.«*) Die Aufgabe war schwierig, da die Brigade an Mannschaft geschwächt, in ununterbrochenen Hin- und Herzügen, Nachtwachen und Gefechten sehr erschöpft war. Schon Mittags 12 Uhr begann Lecourbe den Angriff. Die Bayern, von Wrede zur Ausdauer angefeuert, behaupteten gegen den weit überlegenen Feind bis Nachts 10 Uhr ihre Stellung. Kray war dadurch in den Stand gesetzt, seinen Rückzug unter die Kanonen von Ulm unbehelligt auszuführen; Wrede folgte ihm über Illertissen. Am 12. besetzte er Thalfingen, und am 13. rückte er zugleich mit der inzwischen eingetroffenen 1. Brigade in die Stellung bei Ulm.

»Die kurpfalz-bayerischen Truppen«, — sagt Kray in dem Tagesbefehl vom 11. Mai — »haben bei dem gestrigen Gefecht sich durch Entschlossenheit und Tapferkeit so sehr ausgezeichnet, dafs ich ihrem Anführer, dem Herrn Obersten Baron von Wrede, den Herrn Offiziers wie der Mannschaft, nebst meiner Zufriedenheit, auch meinen warmen Dank zu äufsern, mich verpflichtet sehe.«**)

Die Brigade Wrede hatte sich, wie der Kurfürst am 16. Mai

---

refsentait de cet état de demoralition générale." Gay de Vernon, vie du maréchal Gouvion St. Cyr, 159.

*) „Feldzeugmeister Kray schickte seinen Stabschef, den General Chasteler, zu mir, um mich zu ersuchen, die Arrieregarde der Armee machen zu wollen; so fatikirt auch meine Truppe bereits war, so verstand ich mich doch dazu, weil ich sah, dafs das Heil der guten Sache davon abhing." Wrede an den Kurfürsten, 12. Mai 1800, K.-A. 1800 III—VIII.

**) „Allein mit theurem und vielem Blut mufsten wir die Rettung der Armee erkaufen. Der vortreffliche Major Graf Pompei, einer der würdigsten Stabs-Offiziere, die ich kenne, 1 Hauptmann, ferner noch 2 Ober- und 1 Unterlieutenant sind verwundet, Unteroffiziere und Gemeine zähle ich mehrere Hundert todt und verwundet." Wrede an den Kurfürsten, 12. Mai.

sagte, »in der drangvollsten Lage durch einen beispiellosen Muth, den ungetheilten Beifall der ganzen Armee erworben.«*)

Beim Abmarsch aus der Stellung bei Memmingen war das Bataillon Zoller, welches rechts der Stadt in den Hopfengärten gestanden, vergessen worden. Hauptmann Frank, welcher das Bataillon seit der Verwundung des Major Zoller führte, entschlofs sich auf eigene Faust dem Rückzug zu folgen. Mit der Richtung desselben nicht bekannt, zog sich Frank in der äufserst stürmischen und regnerischen Nacht durch die feindlichen Linien und erreichte Mindelheim. Von dort vertrieben, marschierte das Bataillon über Buchloe nach Landsberg, wo es nachtete. Am folgenden Tag, den 12. Mai, erreichte es Oberhausen bei Augsburg, am 13. Lauingen und am 14. traf es bei Unter-Elchingen ein, worauf es wieder bei seiner Brigade einrückte. »Mein braves Bataillon« — Wrede hing mit seltener Liebe an seinem ehemaligen tapferen Bataillon, das er errichtet hatte, und an dessen Spitze er seine ersten kriegerischen Lorbeeren errungen, — »welches in der Nacht von mir abgeschnitten wurde, und sich bis zur Stunde noch nicht mit mir vereinigt hat, hat abermals schrecklich gelitten.« Bei der Obersten-Compagnie waren nur noch 2 Unteroffiziere dienstfähig, 7 waren tot und verwundet, und unter den Toten befand sich der brave Feldwebel Horn, welcher die goldene Medaille hatte; unter den schwer Blessierten ist Korporal Theifs, welcher gleichfalls die goldene Medaille besafs.**)

Ein Augenzeuge spricht sich über die österreichische Kriegsführung in diesem ersten Teil des Feldzugs wie folgt aus:***) »Da stand nun (bei Ulm) die vor 19 Tagen noch so furchtbare Armee, die Hoffnung und Schutzmauer vieler Millionen! nach sechs fürchterlichen Märschen, sieben schlaflosen Nächten, vier zwölfstündigen unentschiedenen Gefechten, entmutigt, abgemattet, verhungert †) —

---

*) Wrede wurde hierfür aufser der Tour zum Generalmajor befördert.
**) Wrede an den Kurfürsten, 12. Mai 1800 K.-A. 1800 III—VIII. Nach einer privaten Mitteilung bestand der bayerische Verlust in den Gefechten am 5., 9. und 10. Mai in 14 Toten, 143 Verwundeten, unter denen 3 Stabs- und 7 Oberoffiziere — dann 692 Gefangene oder Vermifste, unter welchen 4 Offiziere.
***) Über den Feldzug in Deutschland, im Sommer und Winter 1800, 1801, 34. 35.
†) „Es ist für uns alle schmerzlich, dafs nachdem wir nun in mancher Affaire mit Ruhm und Vortheil gefochten, wir nichtsdestoweniger die k. k. Armee in einem Zustand sahen, der uns fürchten machen mufs, dafs sie kaum mehr in einer entscheidenden Bataille sich einlassen können, und dafs der Feind durch

dreifsig Stunden Landes waren verlassen und zerstört — 12,000 Tote, Gefangene, Herumstreicher und Entkräftete zurückgeblieben, — die beträchtlichsten Magazine verloren. Wem blutete nicht das Herz, eine so zahlreiche Armee, nach einer Reihe von wenigen Tagen, in einem solchen Zustand bei Ulm ankommen zu sehen. Zu diesem unglücklichen Ausgang der Dinge hat das Benehmen des Grafen Sztaray und des Fürsten Reufs, wodurch mehr als 30,000 Mann aufser aller Thätigkeit gesetzt waren, ohne Zweifel ganz ausnehmend viel beigetragen. Während der erstere in unaufhörlichen, nichts bedeutenden Märschen teils im Rheinthal, teils im Herzogtum Württemberg die Kreuz und die Quere zog, sich niemals dem Feind näherte, sondern auf jede ungünstige Nachricht wieder einen Rückmarsch that, blieb der andere, alarmiert von einigen feindlichen Streifcorps, unbeweglich in seinen Posten auf der Grenze des Norarlbergischen und Bündischen stehen, und sah ruhig den Unglücksfällen der Hauptarmee zu.« Feldzeugmeister Kray hatte seit Anfang des Feldzuges 17,498 Mann und 2666 Pferde verloren. Vor Ulm selbst konnte er dem Feinde nicht mehr als 62,106 Mann, darunter 20,139 Mann zu Pferde, entgegenstellen.*)

Feldzeugmeister Kray, der den Feldmarschall-Lieutenant Sztaray an sich gezogen, nahm eine Stellung mit dem linken Flügel bei Elchingen (Bayern-Division), mit der Mitte hinter Ulm und der Blau und mit dem rechten Flügel zwischen Bermaringen und Mähringen. In dieser Stellung gedachte er nicht nur die Verluste zu ersetzen, welche er bisher erlitten, sondern auch den Erfolg der Operationen in Italien abzuwarten, ehe er die Offensive ergreifen wollte.**) Seine Einwürfe gegen die Zumutung, angriffsweise zu verfahren, drehten sich immer um den Punkt, man müsse Verstärkungen und den Verlauf der Dinge in Italien abwarten.***) Er beschränkte

seine schnellen Manöver nun bereits die bayerischen Staaten bedrohte." Wrede an den Kurfürsten, 12. Mai K.-A. 1800 III—VIII.

*) Österreichische milit. Zeitschrift, 1836, 2, 297.

**) „J'eus avec lui (Kray) une conversation en tête à tête, ensuite un autre avec le général Chasteler. Il en resulte que nous resterons sur la defensive dans la position que nous occupons actuellement, jusqu'à ce que les évenements de l'Italie ayent décidés du sort de la campagne. L. F. Z. M. (Feldzeugmeister) attend avec impatience et inquiétude des nouvelles du général Mélas, que nous croyons fort occupé par Bonaparte. L'espoir de la reddition de Gêne s'evanouit petit à petit, et ce n'est que des succès en Italie qui puisse nous permettre l'offensive jusqu'au Rhin, parceque c'est de l'armée de Mélas que le F. Z. M. attend 30.000 h. de renforts, sans lesquels il n'entreprendra rien." Generallieutenant v. Zweibrücken an den Kurfürsten, dato Elchingen, 28. Mai 1800.

***) „Sollte der Feldzeugmeister Baron Kray sich, wie ich nicht zweifle, im

sich immer darauf, den Demonstrationen Moreau's mit starken Rekognoszierungen zu begegnen, die gewöhnlich mit unnützen Gefechten endigten und stets den Rückzug in das verschanzte Lager nach sich führten.

Moreau, der »tastend um Ulm herumging«, wie er sich selber ausdrückte, und mit Ungeduld wartete, dafs ihm Bonaparte's Erfolge, die Freiheit zu entschiedenem Operieren geben sollten, hatte seinen rechten Flügel an die Günz, oberhalb Babenhausen, und sein Centrum auf die Höhe von Weifsenhorn vorgezogen; ein kleines Corps näherte sich auf der Illerstrafse der Armee bei Ulm; St. Suzanne bezog auf dem linken Donauufer Stellungen bei Altheim, Schelkingen, Erbach, Pappelau, Gerhausen und Blaubeuren. Kray liefs Suzanne angreifen; letzterer wurde genötigt an das rechte Donauufer bis hinter Dellmensingen zurückzugehen. Das waren aber nur partielle Erfolge, die zu keinem entscheidenden Resultate führten.

Während dieser Unternehmung hatte Kray Günzburg sichergestellt, indem er die Brigade Wrede und die württembergischen Subsidien-Truppen unter Generallieutenant v. Hügel dorthin abrücken liefs. Am 14. marschierte Wrede nach Günzburg, schob ein Detachement, aus 2 Bataillonen und 2 Schwadronen bestehend, nach Limbach vor, und kehrte hierauf wieder ins Lager nach Elchingen zurück.

Der feindliche Obergeneral, welcher keine Lust verspürte, den rechten Flügel Kray's anzugreifen, fing an gegen den Lech zu manövrieren. Er zog daher seine Truppen wieder an das rechte Donauufer zurück, dehnte seinen linken Flügel an die Iller und seinen rechten Flügel gegen den Lech aus. Den General Lecourbe schickte er nach Augsburg. Von dieser Bewegung hatte er erwartet, dafs Kray seine Stellung verlassen und eilen würde, das bedrohte Bayern zu decken. Dieser begnügte sich jedoch damit, den General Merweldt mit 2 Kavallerie-Regimentern gegen Augsburg zu schicken, um den Streifereien des Feindes nach Bayern Einhalt zu thun.*) General Devaux mufste nach Donauwörth marschieren, um sowohl diesen Platz als Neuburg zur Verteidigung einzurichten.

Als sich die Franzosen gegen Ausgang Mai am Lech einfanden, begab sich

---

Stande fühlen, nun, nachdem die Armee wieder völlig ausgeruht hat und des Feindes Stärke bei weitem nicht so ist, wie man sie bisher vermutete, Morgen oder Übermorgen, eine Offensivbewegung machen können, so kann der General Giulay und ich, dem Feinde eine Front präsentieren, die seine Flanke sehr beunruhigen könnte" Wrede an den Kurfürsten, dato Günzburg, 17. Mai 1800.

*) Siehe w. u. „Detachements am Lech."

der Kurfürst über Landshut nach Straubing. Als er jedoch die Nachricht erhielt: „wie wenig es der feindlichen Armee Ernst sei, weiter in das Herz von Bayern einzudringen," kehrte er am 1. Juni wieder nach München zurück. Hierbei war die Frage entstanden, wie man sich bei weiterer Annäherung des Feindes zu benehmen habe. „Dreizehn Generale, in zwei Kriegsräten versammelt, äufserten einstimmig, dafs der Ausweg sei, die sämmtlichen Truppen, sowie sie damals beisammen waren, in der Stadt zu erhalten, um dadurch zu einer anständigen Kapitulation zu gelangen; die Approchen von München aber nur insoweit zu defendieren, als es zu diesem Zwecke führen könnte. Seine kurfürstliche Durchlaucht genehmigten diesen Vorschlag, welcher die Vernichtung des sich in München befindlichen „Landesdefensions-Corps" nach sich gezogen hätte, wenn nicht der Rückzug des sehr schwachen französischen Corps von dem Lech und die Wiederbesetzung der beiden Städte Landsberg und Friedberg bald darauf erfolgt wäre."*)

Nach einigen vorausgegangenen Rekognoszierungen durch Erzherzog Ferdinand beschlofs Kray den linken Flügel Moreau's anzugreifen. Der Stofs sollte in der Richtung auf Ochsenhausen in 3 Kolonnen ausgeführt werden. Die bayerische Subsidien-Division, bei der 2. (Mittel-) Kolonne unter dem Prinzen Karl von Lothringen mitgeteilt, war zu diesem Zweck am 4. Juni von Ober-Elchingen aufgebrochen und über Pfuhl nach Gertenhofen marschiert, wo sie Nachmittags 5½ ankam. Das Chevaulegers-Regiment und die Bataillone Reufs und Clofsmann blieben bei Weifsenhorn stehen, wohin sie schon am 31. Mai detachiert worden waren. Nachts 10 Uhr brach die Division wieder auf, ging bei Ober-Kirchberg über die Iller und marschierte über Steinberg, Schnüpflingen (von wo 2 Bataillone in das Wimthal nach Ermhausen detachiert wurden) und Bihlafingen nach Roth. Da inzwischen die Österreicher den linken französischen Flügel zurückgedrängt hatten, so kamen die Bayern bei Weidenbühl auf eine Anhöhe zu stehen. Um 5 Uhr Nachmittags trat ein Umschlag ein. Die Franzosen, welche unterdessen Verstärkungen erhalten hatten, gingen zum Angriffe über. Eine Abteilung derselben versuchte, durch einen Wald den Österreichern in den Rücken zu kommen, als eben die Bayern dort anlangten. Ungeachtet noch nicht alle Bataillone aus einer Schlucht herausgekommen und aufmarschiert waren, wurden doch die Tetenbataillone Metzen und Zedtwitz dem Feinde sofort entgegengeworfen und die Bataillone Minucci, Spreti und Pompei nach und nach so aufgestellt, dafs der Feind beim weiteren Vordringen zwischen zwei Feuer geraten wäre. Der Feind eröffnete ein sehr lebhaftes Feuer auf die Bayern. Die Bataillone

---

*) Geheimes Staatsarchiv: „Notes et remarques ministerielles etc. 1800." Auch die Memoiren des Staatsministers Graf Montgelas.

Metzen und Zedtwitz gaben ihm auf etliche vierzig Schritte Salven; zu gleicher Zeit beschossen ihn sechs Geschütze so wirksam, dafs er nicht nur zum Schweigen, sondern auch zum Rückzug genötigt wurde. Da zu vermuten war, dafs sich der Feind der erwähnten Schlucht, »welche die einzige Retirade war«, bemächtigen werde, nahm Wrede mit 4 Bataillonen: Lamotte, Zoller, Dallwigk und Buseck Stellung bei Schwendi, »um jedes weitere Vorhaben des Feindes zu vereiteln.« Mittlerweile waren die Österreicher vollends zurückgedrängt worden. Den Bayern fiel nun wieder die Aufgabe zu, den Rückzug zu decken. Sie trafen am 6. Juni in der Früh um $12^1/_2$ Uhr über **Grofs-Schaffhausen, Both und Burgrieden** bei **Ober-Holzheim** ein. Um $3^1/_2$ Uhr Morgens wurde wieder aufgebrochen und über Stetten, Dellmensingen, Donaustetten, Göglingen, wo die Donau überschritten wurde, über Ulm in das alte Lager bei Ober-Elchingen gerückt, 4 Uhr Nachmittags. Der Verlust bestand in 55 Mann: 1 tot, 10 verwundet und 44 gefangen oder vermifst. Mann und Pferd waren seit dritthalb Tagen ohne Nahrung geblieben.

»Mit wahrem Vergnügen«, sagt Kray in einem Tagesbefehl vom 7. Juni, »bezeuge ich sämmtlichen Stabs- und Oberoffizieren, sowie auch Gemeinen der kurpfalzbayerischen Subsidien-Truppen, welche sich in dem Gefechte vom 5. auszuzeichnen Gelegenheit gefunden haben, meine vollkommenste Zufriedenheit, und gebe ihnen hiermit meinen wahren Dank laut zu erkennen für das tapfere Wohlverhalten und die bewiesene Beharrlichkeit und Geduld in Ertragung der damit verknüpften grofsen Beschwerlichkeiten.«

Ein Angriff des linken österreichischen Flügels Seitens der Franzosen war nunmehr mit Sicherheit zu erwarten. Demungeachtet wurden jene Sicherheitsmafsregeln unterlassen, wodurch der drohende verderbliche Streich hätte abgewendet werden können.

General Lecourbe, inzwischen wieder bei der Armee eingerückt, mufste abermals gegen den Lech vorrücken, wo er die Übergänge bei Kaufringen (unterhalb Landsberg) und bei Lechhausen erzwang.*)

Um das rechte Ufer der Donau von österreichischen Truppen frei zu machen, liefs Moreau diese am 12. Juni angreifen. General Richepanse entrifs dem Erzherzog Ferdinand nach heftigem Widerstand Burgrieden; General Grenier rückte gegen Weifsenhorn und Roggenburg, wo Fürst Rosenberg stand. Von dem bayerischen Detachement, welches seit dem letzten Mai bei Weifsenhorn gestanden,

---

*) Siehe w. u. „Detachements am Lech".

waren die Divisions-Kavallerie und das Bataillon Reufs von österreichischen Truppen abgelöst worden; das Bataillon Clofsmann (geführt vom Hauptmann Trommer), welches dort zurückgeblieben war, wurde am 12. Juni angegriffen und mit einem Verlust von 27 Toten und Verwundeten und 76 Gefangenen nach Burlefingen zurückgeworfen. Die Mitte der französischen Armee war nördlich Krumbach in die Linie Ettenbeuern-Neuburg-Edelstetten gerückt. Sztaray, in jener Gegend den linken österreichischen Flügel bildend, wurde auf Burgau zurückgedrängt und genötigt, bei Leipheim und Günzburg an das linke Donauufer zurückzugehen; er liefs die Brücken bei den genannten Orten abwerfen und besetzte das linke Ufer. Die Subsidien-Division unter Zweibrücken mufste am 16., unter Zurücklassung ihrer Zelte und Bagage, mit der Weisung, aus dem Lager abmarschieren, vereinigt mit dem Feldzeugmeister Baillet die linke Flanke des Feindes zu bedrohen, ja selbst anzugreifen, wenn derselbe den bei Günzburg stehenden Feldzeugmeister Graf Sztaray angreifen würde. Da sich aber dieser mittlerweile grofsenteils über die Donau zurückgezogen hatte, der Feind somit der Mühe überhoben war, anzugreifen, so ging die Subsidien-Division, von welcher jedoch nur die Avantgarde am rechten Donauufer eingetroffen war, wieder in ihr Lager zurück. Am Abend mufste das Bataillon Zedtwitz nach Riedheim abgehen, um die linke Flanke zu sichern und dem Feinde die Herstellung der Leipheimer Brücke zu verwehren. Am folgenden Tage wurde das Bataillon Zedtwitz durch das Bataillon Minucci und eine Abteilung Fufsjäger verstärkt. Die Franzosen versuchten in der Nacht die Brücke wieder praktikabel zu machen, was ihnen aber nicht gelang; sie wurde hierauf von den Bayern vollständig abgebrannt. Das ganze rechte Ufer war von den Österreichern geräumt. Der unglückliche Rückzug Sztaray's versetzte Kray in die Alternative, entweder eine Schlacht im offenen Felde anzunehmen oder sein verschanztes Lager zu verlassen und den Rückzug anzutreten. Ein bayerischer Augenzeuge sagt hierüber: »Dieses Manöver brachte uns zu der grofsen und unglücklichen Retirade bis an den Inn.«

Das französische Heer stand zwischen Günzburg und Dillingen auf dem rechten und das österreichische zwischen Riedlingen und Donauwörth auf dem linken Donauufer. Nach verschiedenen Demonstrationen hatte Moreau bei Blindheim und Gremheim die Donauufer gewechselt und die Österreicher bei Höchstädt geschlagen. Diesmal hatten die Bayern nicht mitgekämpft. Aber sechsundneunzig Jahre früher hatten sie auf demselben Schlachtfelde unter

Führung ihres tapfern Kurfürsten schon den Sieg an ihre Fahnen gefesselt, als die Ungeschicklichkeit der französischen Generale alles verdarb. Der Kurfürst war damals bei Lutzingen den Reichsvölkern zerstörend in die Flanke gefallen und hatte ihre Treffen aufgerollt. Nur die Preufsen unter Leopold von Anhalt-Dessau verhinderten durch Wunder der Tapferkeit den gänzlichen Untergang. Die Franzosen waren schon geflohen, als die Bayern, langsam, immer noch fechtend, von der Walstatt hinwegschritten, das ihr Siegesfeld gewesen. Eugen von Savoyen wagte sie nicht weiter zu verfolgen, als bis an das Ende des Gehölzes hinter Lutzingen. —

Infolge der Schlacht vom 19. Juni mufste Donauwörth geräumt werden. Das bayerische Bataillon Schlofsberg war inzwischen am 4. Juni von Neuburg a. d. D. nach Lauingen aufgebrochen, erhielt aber in Monheim Gegenbefehl und rückte am 5. wieder in Neuburg ein, wo inzwischen ein österreichisches Detachement, bestehend aus 300 Mann Infanterie, 40 Mann Kavallerie nebst 2 Kanonen eingetroffen waren, um die dortige Donaubrücke zu verteidigen. Am 7. Juni stand das Bataillon bei Dasing;*) am 12. traf es in Donauwörth ein. Aufser dem Bataillon Schlofsberg befanden sich noch ein österreichisches (Wenkheim) und ein württembergisches Bataillon in Donauwörth »zur Verteidigung der dortigen Donaubrücke«. Am 17. Juni meldete Major Schlofsberg aus Donauwörth, dafs am 15. die österreichische Kavallerie bis auf zwei Stunden von der Donaubrücke entfernt von den Franzosen zurückgedrängt worden sei, das Bataillon sei nebst noch zwei andern in die dortigen Laufgräben eingerückt und die ganze Nacht dort verblieben; zwei Joche der Donaubrücke worden abgebrochen, »die aber bei Tag wieder aufgelegt wurden«. Am 16. rückte der Feind mit Infanterie und Kavallerie, etwa 600 Mann stark, abermals vor, warf die Vorposten, und verfolgte dieselben bis zur Donaubrücke, worauf von dieser Seite aus den Schanzen und Batterien bis gegen Abend gefeuert wurde; das Bataillon hatte nur einen Leichtverwundeten. Die Vorposten des Feindes standen eine halbe Stunde von der Donau entfernt.**) Am 17. zeichnete sich eine Abteilung des Bataillons unter den Lieutenants v. Otten und de L'Eau besonders aus, indem sie den Franzosen, welche an dem linken Donauufer zu landen versuchten, solchen Widerstand entgegensetzten, dafs sich dieselben wieder an das rechte Ufer zurückziehen mufsten und hierbei grofsen

---

*) Siehe w. u. „Detachements am Lech".
**) K.-A. 1800 2 a.

Schaden erlitten.*) Nachdem das Bataillon am 19. durch einen ausgestellten Posten sechs Stunden lang dort noch den Donauübergang bis zur Nacht verteidigt hatte, ging es mit den übrigen Truppen unter General Devaux über Pappenheim (20.) und Eichstädt (21.) nach Ingolstadt (22.) zurück, wo es von jetzt ab einen Teil der Besatzung bildete.

Feldzeugmeister Kray brach am 21. Juni auf, nachdem er eine Stellung unweit Elchingen genommen und den Feldmarschall-Lieutenant Petrasch mit 12,000 Mann, unter denen die bayer. Kontingents-Brigade in Ulm zurückgelassen. Er marschierte über Dettingen, Heidenheim und Neresheim nach Nördlingen. Am nämlichen Tage traf auch Moreau, mit Ausnahme des Generals Richepance, der mit 10,000 Mann vor Ulm geblieben, bei Nördlingen ein (23). Ein Waffenstillstand, den Kray dem französischen Obergeneral antragen liefs wurde von diesem nicht angenommen. Darauf setzte Kray seinen Marsch über Wemding nach Monheim fort. Moreau rückte an die Wörnitz, setzte seinen rechten Flügel mit Donauwörth in Verbindung und dehnte sich links bis nach Ostheim aus. Die äufserste Spitze seines linken Flügels besetzte Öttingen und erbeutete daselbst gegen 60 bespannte Wagen des österreichischen Gepäckes. Noch am Abend des 25. nahm Wrede mit den Bataillonen Preysing und Pompei und der halben reitenden Batterie eine vom Feinde besetzte dominierende Höhe und behauptete sich dort gegen die wiederholten Angriffe eines überlegenen Gegners. »Die reitende Artillerie, welche hier zum erstenmal in Aktion kam, leistete durch ihr rasches gutgezieltes Feuer treffliche Dienste.« Als die Armee in später Nacht gegen die Donau aufbrach, folgte ihr Wrede, seine Verwundeten mit sich führend. Von Monheim über Stepperg nach Neuburg marschierend, ging die österreichische Armee hier über die Donau; die Bayerndivision nahm Stellung bei Wagenhofen und bildete den linken Flügel des ersten Treffens. »Der Zweck dieses schrecklichen Marsches war, den Franzosen die feste Position von Rain, acht Stunden von Neuburg, zu nehmen und darauf Bayern zu decken. Die Franzosen kamen uns aber, wie gewöhnlich, zuvor.«**) In der That hatte Moreau bereits den General Decaen nach München de-

---

*) Auch die Oberlieutenants Fortis und Koch, „welche eine aufs Freie gestellte und dem feindlichen Flintenfeuer ausgesetzte 12 Pfünder Kanone standhaft begleiteten und unterstützten sind, um so mehr anzurühmen, als diese Kanone die Tirailleurs vertrieb und das feindliche Schiff in Grund bohrte".

**) Heilmann, Feldmarschall Fürst Wrede, 55, 56.

tachiert*) und Lecourbe bei Donauwörth über die Donau gehen lassen, welcher die Stellung bei Rain mit einer Division besetzen liefs; mit der Hauptarmee nahm Moreau Stellung zwischen Donauwörth und Harburg. Am 27. rückte vom feindlichen Heere der rechte Flügel auf Neuburg, die Mitte gegen Rain und der linke Flügel gegen Donauwörth. Eine Division des rechten Flügels, Gudin, stiefs bei Pöttmes auf die Österreicher; sie wurde zurückgeworfen; die andere Division, Montrichard, welche über Burgheim heranrückte, stiefs bei Strafs auf die Avantgarde Kray's und nun entwickelte sich das Treffen bei Neuburg, an welchem die bayerischen Truppen den lebhaftesten Anteil nahmen. Die österreichischen Vorposten zogen sich nach leichtem Gefechte auf die Höhe von Unterhausen zurück. Die Franzosen bemächtigten sich zwar dieser Höhe, sie mufsten dieselbe aber wieder räumen, als Verstärkungen für die Österreicher eingetroffen waren. Eine andere feindliche Kolonne, die von Rohrenfeld her gegen den linken Flügel vorging, wurde von der österreichischen Kavallerie über den Haufen geworfen und in die Flucht gejagt. Mittlerweile hatte der Feind seine Angriffe auf die Stellung bei Unterhausen fortgesetzt und drang auch wieder bis in das Gehölz dortselbst heran. Gegen 3 Uhr Nachmittags rückten die Bayern auf der Strafse, welche nach Rain führt, vor. Während General Deroy mit der 1. Brigade in den vom Feinde besetzten Wald drang und ihn vor sich her trieb, manövrierte General Wrede mit der 2. Brigade so rasch und umfassend gegen den rechten Flügel des Feindes, dafs dieser augenblicklich in die Ebene von Oberhausen zurückweichen mufste, wo er mit einem lebhaften Feuer der 1. Brigade empfangen und weiter zurückgedrängt wurde. Auf der Höhe von Oberhausen schlofs sich die 1. Brigade an den linken Flügel der Österreicher, und nun wurde dem Feinde Unterhausen und Strafs nacheinander entrissen, und die vorige Stellung der Armee wieder eingenommen. Auf beiden Seiten entspann sich ein heftiges Feuer, dafs durch das schwere Geschütz vom linken Donauufer her, unterstützt wurde; es dauerte den ganzen Nachmittag ununterbrochen fort. Da warf sich plötzlich der Feind mit aller Kraft auf den äufsersten rechten Flügel und brachte denselben zum Wanken. General Deroy schickte sofort zu seiner Unterstützung das Bataillon Zedtwitz dorthin ab. Das Bataillon entwickelte sich unter dem heftigsten Geschützfeuer des Feindes aus einem Hohlweg, marschierte

---

*) „Cette mesure avait pour but de forcer l'électeur de Bavière à remplir les conditions d'un traité qu'il avait conclu ət éludé en l'an IV." Mémorial du dépôt générale de la guerre, V, 121.

mit grofser Ordnung auf, und warf den Feind zurück. In dem Moment aber, in welchem das Bataillon in die österreichische Linie einschwenken wollte, zog sich diese wieder auf die Höhe zurück und überliefs dem Bataillon, den Rückzug zu decken. Kaum bemerkte General Deroy das Weichen der Österreicher, als er diesem isolierten Bataillon das Bataillon Minucci folgen liefs. Beide Bataillone setzten sich nun schnell in Gefechtsstellung und erwarteten den Angriff des Feindes. Die Nacht brach an; der Feind, der sich auf diesen Punkt verstärkt hatte, griff mit Erbitterung an — und die Österreicher wichen von allen Seiten. Die beiden Bataillone empfingen den Feind mit Ruhe und Entschlossenheit; aber seine grofse Überlegenheit zwang die Bayern zum Rückzug, den sie in gröfster Ordnung, Schritt vor Schritt, gegen eine Anhöhe ausführten. Von allen Seiten umklammert, mufste das Bataillon Zedtwitz ein mörderisches Feuer aushalten, dem sein geliebter Commandeur zum Opfer fiel; gleiches Schicksal hatte der Adjutant. Hauptmann Schmidt übernahm das Kommando des Bataillons und führte dasfelbe mit Entschlossenheit und Geistesgegenwart durch die Gefahren, die es von allen Seiten umgaben. Jetzt — die Anhöhe erstiegen, umwickelt vom Feinde, eilte das österreichische Dragoner-Regiment Latour herbei, stürzte auf den Feind und vernichtete ihn. Auch die übrigen Bataillone der Brigade schlugen sich noch mit dem von allen Seiten heranstürmenden Feinde, als auch sie auf ihren Rückzug bedacht sein mufsten. Gegen 10 Uhr in der Nacht traten sie denselben an; sie waren die letzten auf dem Schlachtfelde, wo sie einen glänzenden Beweis ihrer Unerschrockenheit und Tapferkeit abgelegt hatten. »Den völligen Rückzug«, sagt Generalmajor Deroy in seinem Bericht vom 29. Juni, »hat das Grenadier-Bataillon Reufs mit der gröfsten Ordnung, und man kann sagen, wie auf dem Exerzierplatz gedeckt und dadurch das gute Benehmen sämmtlicher Truppen Euer Kurfürstlichen Durchlaucht rühmlich vollendet. Nachts 12 Uhr ist dieses Bataillon, als das letzte, im Lager eingerückt. Vorzüglich zu empfehlen, halte ich mich verpflichtet, den Oberstlieutenant Graf Reufs, sowohl wegen der Bravour und Geschicklichkeit, mit welcher er sein Bataillon den ganzen Nachmittag hindurch geführt — als besonders wegen der geschickten Art, wie er den Rückzug vollzogen hat.«

Die österreichische Armee brachte die Nacht in der Stellung zu, welche sie vor dem Treffen inne gehabt; die Anhöhen und Waldungen vor der Linie wurden mit schwachen Abteilungen besetzt.

Das Treffen bei Neuburg kostete der Subsidien-Division, 5 tote, 5 verwundete und 2 gefangene Offiziere, 425 Mann tot und verwundet, 65 Mann gefangen. Die 5 toten Offiziere waren: Oberstlieutenant Graf Zedtwitz und Hauptmann und Adjutant v. Kornmann vom jetzigen 7., Hauptmann v. Beeren vom jetzigen 2., Oberlieutenant Drost des jetzigen 3. und Oberlieutenant v. Kladt des aufgelösten 11. Infanterie-Regiments. Ganz besonders wurde der Tod des Oberstlieutenant Zedtwitz beklagt, der kurz vorher aus preufsischen Diensten in das bayerische Heer übergetreten war; er wurde von seinen Soldaten beweint, da er ihnen Vater und Freund gewesen.

Kray brach am 28. von Neuburg auf und marschierte rittlings der Donau nach Ingolstadt, wo er unter den Kanonen dieses Platzes, zwischen demselben und Gaimersheim, Biwak bezog. Nachdem er die Besatzung der Festung auf 6500 Mann verstärkt und ein fliegendes Corps unter Generalmajor Klenau, »um Regensburg zu decken und die Franzosen in ihrer linken Flanke zu beunruhigen«, in jener Gegend aufgestellt hatte, setzte er sich am 29. wieder in Bewegung und nahm seine Richtung über Siegenburg nach Landshut, wo er am 1. Juli eintraf, um seinen erschöpften Truppen einige Tage Ruhe zu gönnen. Klenau ging nach Eichstädt und verband sich mit dem Erzherzog Ferdinand bei Meckenlohe. In Ingolstadt verliefs Generallieutenant Zweibrücken, vom Kurfürsten nach Landshut berufen, die Division, deren Führung Generalmajor Droy übernahm.

Der Kurfürst hatte am 27. Juni München verlassen und sich über Landshut nach Straubing begeben. Herzog Wilhelm verliefs mit dem »Landesverteidigungs-Corps« ebenfalls am 27. Juni Abends München und marschierte nach Landshut. Auch diesmal war wiederum die Frage aufgeworfen worden: »was zweckmäfsiger sei, sich in München zu halten, oder mit der Armee von dort wegzuziehen.« Diesmal entschied sich zwar die Mehrzahl der Konferenz-Mitglieder für den Abmarsch, doch wollte der Kurfürst vorerst noch die Ansicht des preufsischen Gesandten, Generalmajor v. Heymann, erholen. Dieser sprach sich unbedingt für den Abmarsch aus, der auch sofort angeordnet wurde. Als der österreichische Gesandte hiervon Kunde erhielt, verliefs er München mit den Worten: »Also wollt ihr euch nicht defendiren, sondern retiriren; nun gut! so gehe ich!« Und so geschah es.*)

---

*) Aus den Aufzeichnungen des J. F. Lipowsky.

Als Kray in Landshut eintraf, befand sich das Corps unter Herzog Wilhelm noch dort. Er war der Meinung, dafs auch dieses Corps zu ihm stofsen werde. Statt sich jedoch mit ihm zu vereinigen, ging das Corps seine eigenen Wege in die Oberpfalz.*)

Nachdem Herzog Wilhelm den Vorbeimarsch der »Subsidien-Division« abgenommen, bezog sie Biwak auf dem Hofberg. Generallieutenant Zweibrücken traf zwar wieder bei der Division ein, er verliefs aber dieselbe wegen Unpäfslichkeit wieder.

In Landshut angekommen, verlangte Kray in wenigen Stunden die Lieferung von 243,600 Pfund Brot und 30,700 Rationen Heu, was rein unmöglich war. Um diesem Ansinnen nachzukommen, wurden Eilboten an die Landgerichte abgeschickt, welche jedoch von österreichischen Marodeurs angehalten, mifshandelt und ihrer Kleidung und Habseligkeiten beraubt wurden. Bei der Verteilung, welche von österreichischer Seite gemacht wurde, hatte man auf die örtlichen Verhältnisse gar keine Rücksicht genommen. So befanden sich unter den 244 namentlich aufgeführten Ortschaften nicht wenige, die blofs aus einer Kirche, einem Mefsner und einem Söldner bestanden, und mit 800 Pfund Brot und 100 Rationen Heu belegt worden waren. Überhaupt wurden die Einwohner von den sogenannten Freunden brutal behandelt, was wesentlich zu dem Hasse beigetragen hat, der sich in Bayern zu jener Zeit gegen die Österreicher geltend machte. Namentlich benahmen sich die Truppen fremder Zunge sehr frech. Sie hatten Dörfer geplündert und mit Brandschatzung belegt. U. a. erkühnte sich ein Lieutenant mit seinen 30 Mann in der Stadt Pfaffenhofen den Despoten zu spielen. Er liefs Bürgermeister und Ratsdiener aus ihren Wohnungen schleppen, und war eben im Begriff ihnen 50 Stockstreiche geben zu lassen, als die Sturmglocke dieser Oberherrschaft schnell ein Ende machte.**)

Mit Zurücklassung einer Arrieregarde unter Erzherzog Ferdinand, brach Kray am 4. Juli wieder von Landshut auf, und marschierte über Wartenberg, Erding, Hohenlinden und Haag hinter den Inn, wo er bei Ampfing ein Lager bezog; hier vereinigte sich Merveldt, der bei Parsdorf gestanden, mit ihm; Condé traf in Wasserburg ein. Die Subsidien-Division hatte sich schon am 3. von Landshut in Marsch gesetzt und war über Wartenberg, Zinnenbeg (4), Preisendorf (5.), Haag (6.), Ampfing (8.) in eine Stellung bei Lochham (10.) gerückt. —

---

*) Siehe w. u. „Das Landesverteidigungs-Corps unter Herzog Wilhelm."
**) Mussinan, Geschichte der französischen Kriege 2, 45, 46, 50, 51.

Empfangen von einer Deputation, die aus Vertretern des Hofes, der Landschaft und der Bürgerschaft bestand, hielt General Decaen am Nachmittag des 28. um 1½ Uhr an der Spitze der Brigade Debilly seinen Einzug in München, der mehr einem festlichen militärischen Aufzuge, als einem feindlichen Überfalle glich. Es herrschte während desselben die schönste Ordnung, und es fiel nicht der geringste Excefs dabei vor. Das Volk bildete zu beiden Seiten Spalier, und die Franzosen zogen ruhig durch die Mitte desselben. Die französischen Offiziere suchten sich bei ihrer Ankunft in München zuerst die Fink'sche und Appian'sche Karte zu verschaffen. Das Betragen der Republikaner in der Stadt selbst war gut, desto zügelloser hingegen auf dem Lande.*)

In München hatte sich ferner eingefunden: der Generalstabs-Chef der Armee Divisionsgeneral Dessolles, der Chef der Kavallerie der Rheinarmee Divisionsgeneral Hautpoult, der Chef der Artillerie Divisionsgeneral Eblé, der Chef der Administration Favier und der Zahlmeister der Armee La Bouillerie.

Die französische Armee stand am 28. und zwar die Division Richepance bei Ulm, der linke Flügel unter Grenier von Neuburg bis Landshut (Division Ney, Baraguay d'Hilliers und Legrand) die Mitte unter Moreau in der Gegend von München (Divisionen Decaen, Leclerc und Grandjean), rechter Flügel unter Lecourbe am Gebirge (Divisionen Molitor, Gudin und Montrichard, welcher von Neuburg her über Schleifsheim und Dachau in Eilmärschen zum rechten Flügel stiefs).**) Lecourbe stellte demnächst im Verein mit den Generalen Molitor und Nansouty die Verbindung mit der Armee in Italien her.

Nach verschiedenen Verschiebungen rückte am 7. Juli die Division Leclerc aus der Mitte gegen Landshut, indefs Ingolstadt eingeschlossen und Neustadt a. d. D. festgehalten wurde. Die Arrieregarde unter Erzherzog Ferdinand, welche man gänzlich vergessen zu haben schien, hatte unbegreiflicher Weise vor der Isarbrücke von Landshut Stellung genommen. Da nun die Franzosen am 7. gegen diesen Posten anrückten, und eine ihrer Abteilungen zunächst der Stadt Landshut eine nicht besetzte Brücke fand, so drang diese in die Stadt, während die österreichische Arrieregarde von vorne gedrängt wurde, wodurch sie bei ihrem Rückzug durch die Stadt 2 Geschütze und viele Gefangene verlor. Am 8. und 9. Juli rückten die Franzosen gegen Anzing und Hohenlinden vor.

---

*) Mussinan, Geschichte der französ. Kriege 2, 186, 187.
**) K.-A. B. Einfall der Franzosen 1800, 1801, Kriegsereignisse.

General Moreau traf am 30. Juni in Nymphenburg und am 14. Juli in München ein. Dem Kurfürstenthum Bayern wurden 6 Millionen Lires (2,750,000 Gulden) auferlegt. Das kurfürstliche und bürgerliche Zeughaus in München, welche nicht mit der wünschenswerten Genauigkeit und Raschheit geräumt worden waren, wurden mit Beschlag belegt. Die Bildergallerie, die sonstigen Kunstsammlungen und die wertvollsten Manuscripte der kurfürstlichen Bibliothek waren zeitig in Sicherheit gebracht worden. Gleichwohl bemächtigten sich französische Regierungskommissare noch einiger Bilder und Handschriften von geringem Wert, übrigens mit dem Versprechen, Ersatz dafür zu leisten. Dagegen geschah kein Eingriff in die Landesgesetze oder das öffentliche und Privateigentum. Bis zum 20. Juli betrugen die Requisitionen, welche der Stadt München auferlegt wurden, 2 Millionen Gulden, ohne dafs noch eine Kontribution an Geld bezahlt worden ist.*)

Während Moreau in München verweilte, wurden französische Schriften in Umlauf gesetzt, welche nichts weiter anstrebten, als aus Bayern eine **Filial- Republik** der grofsen französischen Republik zu machen. Es kann nicht in Abrede gestellt werden, dafs die Revolution in allen Ländern, wohin sie vordrang, eine zahlreiche ihr ergebene Partei vorfand. Den Enthusiasmus für ihre Prinzipien hatte diese Partei gestiftet; der Glanz ihrer Siege, das Interesse und die Furcht unterhielten und verstärkten sie. Einige aufgeregte oder mifsvergnügte, zum Teil in ihrem Vermögen herabgekommene Persönlichkeiten gingen soweit, die feindlichen Generale zu bestimmen, Bayern zu revolutionieren, die rechtmäfsigen Behörden abzusetzen und eine provisorische Regierung zu bestellen. Dieses verräterische Unternehmen, an dem sich Leute beteiligten, welchen man es nicht hätte zutrauen sollen, scheiterte an der bestimmten Weigerung des Generals Moreau, sich darauf einzulassen. Es kam soweit, dafs das vom Kurfürsten in München hinterlassene Hofkommissariat einen Vertrauten zu Moreau schickte, um ihn zu befragen, welche Ansicht er über eine Umgestaltung Bayerns in eine Republik habe. Moreau — der nebenbei gesagt anstatt der gewöhnlichen Titulatur „citoyen" die Benennung „monseigneur" angenommen — erwiderte: „Mein Gott, man weifs nicht was man will; eine Republik kostet viel Blut, wir haben sie." Diese sinnvolle Antwort beruhigte das Hofkommissariat.**) Trotzdem sind wir zur Annahme berechtigt, dafs sich französische Emmissäre in Bayern herumtrieben, die für die Republik Propoganda zu machen suchten. Unwillkürlich fällt uns hierbei Louvet's Vorschlag ein, dafs „jeder Bürger-Soldat in diesem geheiligten Kriege, eine Patrontasche voll Kugeln für die **Herrn**, und einen Sack voll **kleiner Freiheitsschriften für ihre Unterthanen** bei sich führen möchten."***) Erwiesene Thatsache ist es, dafs die französische Republik die Un-

---

*) Journal des Platzmajor Magg in München aus dem Jahre 1800. Herzoglich bayerisches Hausarchiv.

**) Ungedruckte Memoiren des Staatsministers Grafen Montgelas und Aufzeichnungen des J. F. Lipowsky.

***) Discours du 9 janvier 1792.

zufriedenheit in Bayern über die miserable Regierung Karl Theodor's zu ihren Gunsten ausbeuten wollte.*)

Es herrschte damals ein eigentümliches Verhältnis in München. Neben dem französischen Stadtkommandanten funktionierte noch ein bayerischer, und mit der französischen Besatzung versah gleichzeitig das Bürgermilitär den Wachtdienst. Der bayerische Stadtkommandant hatte bei irgend einer Zusammenkunft Gelegenheit gefunden, dem General Richepance, der später eintrat und sehr ermüdet war, seinen Stuhl anzubieten, den dieser auch auf Zureden annahm. Als Moreau am 23. Juli nach Augsburg zurückging, übernahm Richepance das Kommando. Der französische Stadtkommandant verlangte die Auslieferung des bürgerlichen Zeughauses. Der bayerische Stadtkommandant protestierte dagegen, erhielt jedoch zur Antwort, dafs der Befehl hierzu vom Divisionsgeneral Richepance komme. Der Stadtkommandant begab sich zu diesem. Richepance erschien in Generalsuniform und der Stadtkommandant glaubte ihn zu erkennen, ohne sich indefs entsinnen zu können woher? Richepance aber erkannte den Stadtkommandanten sofort, denn, als er ihm sein Anliegen und seine Bitte vorgetragen hatte, fiel er ihm sogleich in die Rede: „Das machen wir kurz, Sie gaben mir, als ich müde gewesen, einen Stuhl, und ich lasse Ihnen dafür Ihr Zeughaus. Der Bürger Briant wird von mir sofort Gegenordre erhalten." Und Richepance hielt Wort.**) Auf diese Weise war wohl das bürgerliche Zeughaus gerettet, dagegen wurde das kurfürstliche Zeughaus bis auf den letzten Nagel geleert, was nach dem mittleren Geldanschlag, nach eigener Schätzung durch Franzosen, einen Schaden von 1,690.000 Gulden verursachte. Hierzu kommen aber noch folgende teils im Wasser, teils vermauert gefundene Gegenstände, als: 2 silberne Pauken, 2 silberne Statuen, einige hundert Pickelhauben, ebenso viele Spiefse und Hellebarden, Siegesfahnen, türkische mit Gold gestickte Zelte, geringere türkische Zelte, die berühmten 2 silbernen Kanonenstückchen, einige seltene und andere gemeine Harnische u. dgl. m.***)

Die Subsidien-Division war inzwischen von dem englischen Obersten Clinton bei Lochham gemustert worden. Zu diesem Zweck war am 13. Juli die 1. Brigade vor ihrer Lagerlinie ausgerückt, während die 2. Brigade, in Rücksicht des Terrains, nächst ihrem Lager im Viereck sich aufstellte; Kavallerie und Artillerie standen auf dem rechten Flügel. Nach der Musterung erhielt jeder Mann ein Pfund Fleisch auf englische Rechnung. Die reitende Batterie führte vor dem Erbprinzen von Württemberg einige Schulbewegungen aus, welche grofsen Beifall fanden. Als Generalmajor Deroy, der Führer der Division, dem Kurfürsten hiervon mit dem Beisatze Meldung erstattete, dafs Oberst Clinton seine Zufriedenheit geäufsert habe, sprach der Kurfürst am 17. Juli sich wohlgefällig hierüber aus, »dafs dieser sowohl mit ihrer noch wirklichen Stärke

---

*) Illuminaten und Patrioten von Fournier. Allgemeine Zeitung 1882 Nr. 179 u. folg.

**) Aus den Aufzeichnungen des J. F. Lipowsky.

***) Mussinan, Geschichte der französischen Kriege 2, 189, 190.

als übrigen Beschaffenheit zufrieden war, und wodurch manche falschen Gerüchte widerlegt worden sind.«*)

Am 15. Juli wurde zu Parsdorf ein Waffenstillstand mit zwölftägiger Kündigung geschlossen. Ein Ausfall, den die Besatzung von Ingolstadt noch am folgenden Tag unternommen, wurde vom General Ney abgeschlagen. Die Festungen Ingolstadt, Ulm und Philippsburg sollten zwar eingeschlossen bleiben, aber alle zehn Tage Lebensmittel empfangen können. Der ganze Innstrom und die obere Pfalz u. s. w. blieben in österreichischen Händen. In Italien, wo schon seit 16. Juni ein Waffenstillstand zu Stande gekommen war, hatten die Österreicher unter Melas die gleichen Unfälle erlitten, wie in Deutschland.

Nachdem eine Änderung in der Politik Russlands eingetreten war, indem Kaiser Paul vom heftigsten Feind der französischen Republik, der größte Verehrer und eifrigste Freund des ersten Konsuls geworden war, suchte Bayern, auf Kaiser Paul's Rat hin, sich mit dem ersten Konsul zu verbinden. Indem Kaiser Paul erklärte, »dafs ihm auf jeden Fall Galizien für die Sicherheit Bayerns Bürgschaft leiste« war man hinreichend gegen Österreich gedeckt. Es wurde der Geheimrat Cetto, ein sehr gewandter Unterhändler nach Paris geschickt (seine Instruktion ist vom 8. Oktober datiert); er fand dort eine wohlwollende Aufnahme, ohne vor der Hand noch einen eigentlich diplomatischen Charakter zu tragen. Da inzwischen zu Paris für die besonderen Interessen Bayerns noch nichts zu erzielen gewesen war, indem man dort weder über die Ansprüche noch Gegenleistungen sich deutlich aussprach, so wurden die bayerischen Truppen noch in die Katastrophe von Hohenlinden verwickelt.

Um freie Hand in der Politik zu haben, ging der Kurfürst mit dem Plane um, seine sämtlichen Truppen — „Subsidien-Division" unter Generallieutenant Zweibrücken, „Landesverteidigungs-Corps" unter Herzog Wilhelm und „Kontingentsbrigade" unter Generalmajor Bartels — zu vereinigen und ausschliefslich zum Schutze seiner Staaten zu verwenden. Die Unterhandlungen, welche deshalb mit dem Wiener Hof und dem Feldzeugmeister Kray gepflogen wurden, blieben erfolglos, zeigten aber zur Genüge, dafs es nunmehr Zeit sei, sich von einem unpopulären Bundesgenossen loszusagen, wollte man nicht Gefahr laufen, dem sichern Untergang entgegenzugehen. Die Truppen fingen an, schwierig zu werden. Reibereien und Balgereien zwischen Österreichern und Bayern waren ohnehin an der Tagesordnung. Nun erreichte der Hafs seinen Höhepunkt. Die Truppen gaben ihrem Unwillen Ausdruck, indem sie sich weigerten, noch ferner bei den Österreichern zu bleiben. Die Generale Deroy und Wrede sahen sich genötigt, zu ihren Truppen zu sprechen. Zu diesem Zweck versammelten sie am 8. Juli auf einem dem Lager nahegelegenen

---

*) K. A. 1800 III.

Hof alle Commandeure und Deputationen aus Unteroffizieren und Soldaten aller Abteilungen. Dem Ansehen und der Beredsamkeit ihrer trefflichen Generale gelang es, die Gemüter wieder einigermafsen zu beruhigen. Commandeure und Ausschüsse wiederholten die Worte der Generale ihren Abteilungen gegenüber, so dafs die Truppen aus ihren Biwaks aufbrachen und weiter marschierten. Wenn nun auch die Truppen dem Rufe ihrer Generale folgten, so hatte sich derselben doch ein solcher Groll bemächtigt, der eine Änderung der bisherigen politischen Verhältnisse im höchsten Grade wünschenswert machte. Selbst die Worte des geliebten Kriegsherrn, welche derselbe in dieser Angelegenheit ergehen liefs, verhallten in taube Luft, denn der Hafs hatte zu tiefe Wurzeln geschlagen und die Beleidigungen waren von einer Art, welche die Rache heraufbeschwor. Schon am 19. Januar 1798 berichtete Oberst Triva von blutigen Schlägereien zwischen Österreichern und Bayern, die dadurch hervorgerufen wurden, dafs die Österreicher den Bayern die Titel: „Bettelsoldat, Bettelfürstensoldaten" beilegten. Noch am 16. Mai 1800, nachdem die Bayern, namentlich die Brigade Wrede, die Österreicher auf dem Schlachtfelde aus mancher Verlegenheit gerissen hatten, gestand Feldzeugmeister Kray, dafs den Subsidien-Truppen die gebührende Achtung nicht gezollt werde. Es laufen immer noch Klagen hierwegen ein über „derlei unanständiges und dienstwidriges Benehmen". Man habe sich sogar an pfalzbayerischem Fuhrwerk, welches doch deutlich durch weifsblaue Farben kenntlich gewesen, vergriffen. „Derlei Verbrechen werden künftig, ohne alle Rücksicht der Charge, auf das strengste geahndet werden." Wird hierzu noch die Entwaffnung der Mannheimer Garnison v. J. 1795 mit ihren Nebenumständen, sowie noch manches andere Vorkomnis gezählt, so war es wahrlich nicht zu wundern, wenn sich eine Summe von Hafs ansammelte, welche nur eines leisen Anstofses bedurfte, um in hellen Flammen aufzulodern. Auch die Bevölkerung war im höchsten Grade über die Bedrückungen aufgebracht, welche sich die Österreicher, die sich Freunde nannten, erlaubten. Dieser Hafs mit seinen Konsequenzen drang selbst zu den Franzosen: „Les rixes continuelles entre les Bavarois et les Autrichiens devenant chaque jour plus sérieuses, forcèrent à changer le corps bavarois pour le faire placer à Obermuhldorf."*)

Während des Waffenstillstands wurde die Division von dem englischen Armeeminister Wickham gemustert. Im Auftrage seines Monarchen spendete er den Truppen die schönsten Lobsprüche über ihr bisheriges Verhalten. Insbesondere hob er die Leistungen Wrede's bei Möfskirch und Memmingen und der ganzen Division bei Neuburg hervor. Eine Tageslöhnung als Gratifikation bildete den Schlufs.

Generallieutenant Zweibrücken war am 6. August wieder bei der Division eingetroffen, worauf er am 8. die Brigade Wrede und am 11. die Brigade Deroy besichtigte; am 16. fand ein Divisionsmanöver auf der Ebene zwischen Lochham und Mettenham statt.

Auch Kaiser Franz, der sich bei seiner Armee eingefunden hatte, um die Ursachen der fortwährenden Niederlagen an Ort und Stelle zu erforschen, besichtigte die Division. Er sprach gleichfalls seine Anerkennung aus, die aber nicht besonders hoch angeschlagen

---

*) Mémorial du dépôt générale de la guerre V, 151.

wurde, da jedermann wohl wufste, welche Absichten er stets im geheimen auf Bayern gehabt. Anerkennungswert war freilich die stille Resignation, mit welcher sich die Bayern von einer Schlachtbank auf die andere schleppen liefsen. Eine zweitägige Gratislöhnung stopfte momentan die bösen Mäuler der »vieux grognards«. Erzherzog Johann, der achtzehnjährige Bruder des Kaisers, erhielt an Stelle Kray's den Oberbefehl. Generalmajor Chasteler, der bisher auf die Ereignisse des Feldzugs grofsen Einflufs geübt, wurde nach Tirol geschickt, wo er eine Brigade übernahm. Feldmarschall-Lieutenant Hiller trat an die Stelle des Fürsten Reufs, der durch Unthätigkeit geglänzt u. s. f. Dem Erzherzog wurde der alte Feldmarschall-Lieutenant Lauer, ein tüchtiger Ingenieur-Offizier, der aber niemals ein gröfseres Truppenkommando im Felde geführt, als Generalstabs-Chef beigegeben. »Ein Mann, der bei der Armee weder Zutrauen noch Ansehen besafs, ungeachtet er die rechte Hand Thugut's war, der sich die oberste Leitung der militärischen Angelegenheiten angemafst hatte. Lauer hatte sich besonders dadurch bekannt gemacht, dafs auf sein Anraten Wurmser sich i. J. 1796 mit seiner ganzen Armee in Mantua einschliefsen mufste. Thugut hatte mit Lauer häufige Konferenzen, liefs durch ihn die Operationspläne ausarbeiten und verwarf die Vorschläge der Obergenerale der Armee.«*) Es war ein gefährliches Unternehmen, das ganze Schicksal der Monarchie einem Jüngling anzuvertrauen, der fremder Führung selbst so bedürftig war! Wie gewagt, einem der besten Generale damaliger Zeit einen Anfänger entgegenzustellen, dessen Fähigkeit zu diesem wichtigen Posten noch nicht geprüft war, dessen Name in der militärischen Welt noch nie genannt, viel zu kraftlos war, um der durch ununterbrochene Niederlagen mutlos gewordenen Armee im voraus den Sieg zu verbürgen. Hier konnte nur Erzherzog Karl, der ruhmgekrönte Sieger von Amberg, Würzburg, Stockach u. s. f., helfen »nach welchem die ganze Armee seufzt und ruft!«**)

Am 29. August hatte Moreau den Waffenstillstand gekündigt, und am 10. September sollten die Feindseligkeiten wieder beginnen. Am 8. September brach die österreichische Armee aus ihren Kantonierungen auf und rückte in eine konzentrierte Stellung bei

---
*) Miliutin, Feldzug von 1799, deutsche Übersetzung, 1, 129.
**) Schon am 6. Mai 1800 hatte Wrede an den Kurfürsten geschrieben: „Die ganze Armee seufzt und ruft nach S. k. H. dem Herrn Erzherzog Karl." Heilmann, Feldmarschall Wrede. 59.

Ampfing. Den Bayern wurde ein herzerhebender Aufruf ihres Kurfürsten, dato Amberg 16. September, bekannt gemacht.

Er lautete: „Der Krieg beginnt aufs neue Soldaten! Erinnert euch des Ruhmes, den ihr euch in diesem Feldzuge schon erworben habt, dieser mufs befestigt und mit neuen Lorbern gekrönt werden. Blickt auf euer Vaterland, Bayern und Pfälzer, der gröfste Theil ist in der Gewalt des Feindes, und der letzten von Uns noch besetzten Strecke, droht ein gleiches trauriges Schicksal.

Der stolze Gedanke, welche grofse Hoffnungen auf eure geprüfte Tapferkeit gebaut sind, mufs euren Muth beleben. Die Errettung und Wiedereroberung euers Vaterlandes, seine zukünftige sichere Erhaltung werde euer Werk, und sei das grofse Werk wofür ihr kämpft.

Ein dauerhafter Friede für das deutsche Reich kann uns dessen Erreichung allein sichern, und diesen Frieden müssen wir zu gewinnen helfen. Unwissende Schwätzer, selbstgetäuschte oder durch boshafte Nebenabsichten geleitete Menschen, Staatsverräther sind beschäftigt durch lügenhafte Gerüchte, euch falsche Begriffe über euere Bestimmung beizubringen und dadurch auf eine arglistige Art euch zu hintergehen, Sie wollen euch vom Wege der Pflicht und Ehre, zu dem der Untreue und Schande überführen. Diese Elenden kennen den geraden Sinn des Kriegers nicht; dieser vertraut auf seinen Fürsten und auf seine ihm vorgesetzten Obern, folgt bieder, mit unverwandtem Blicke auf den Feind, seinem Berufe da, wo er ihn findet, er handelt, ohne über die Mafsregeln der Regierung und ihre Verbindung zu richten; er kämpft, statt über Krieg und Frieden ängstlich zu vernünftlen, und nur dann ist er zufrieden, wenn das Ziel seiner Bestimmung errungen ist, auf welchem Boden es auch sein wolle.

Wir sind überzeugt, euch in diesem, des braven Kriegers würdigen Geiste und in der festen Zuversicht handeln zu sehen, dafs ihr in keinem Falle für fremdes Interesse auf anderm, als auf deutschem Boden verwendet worden, für ein Interesse, welches auch zugleich mit jenem eures Vaterlandes verbunden ist.

Diese Zuversicht, gegründet auf das heilige Wort eueres Fürsten, verlasse euch nie, und sie wird eure Kräfte verdoppeln, wenn ihr durch Übermacht gezwungen, vielleicht den vaterländischen Boden auf einen Augenblick verlassen müfst, um eine vortheilhafte Position zu gewinnen, und denselben desto sicherer und mit desto grösserem Erfolge wieder zu erringen.

Erhaltet den Ruhm der Pfalzbayerischen Waffe — Feinde und Freunde haben ihre Aufmerksamkeit auf euch gerichtet! Seyd unbesorgt, euer Landesvater sorgt und wacht für euer Wohl. Ehre und Belohnung erwartet den ausharrenden Tapfern, dagegen Schande und gewisse Strafe nach der unerbittlichen Strenge der Gesetze, den Feigen und Meineidigen."

Am 17. September marschierte die Armee nach Haag, und nahm seitwärts der Stadt eine Rendezvous-Stellung. Den 19., an welchem Tage Moreau dem Kurfürsten einen Separatfrieden antragen liefs, den dieser jedoch nicht annahm, wurden die Anordnungen zum Angriff auf den folgenden Tag getroffen, der in der Früh um 5 Uhr unternommen werden sollte. Demzufolge sollte der rechte Flügel, Baillet, von Haag nach Schnaupping rücken, dann über Isen und Reithofen vordringen und den bei Hohenlinden stehenden linken

Flügel des Feindes in seiner Flanke anfallen, während die Mitte, zu welcher die bayerische Division gehörte, unter Erzherzog Johann's unmittelbarer Anführung auf der Strafse von Haag nach Hohenlinden, dann gegen Zornolding und Anzing vordringe; der linke Flügel, unter Merveldt, war angewiesen, auf der Strafse von Wasserburg gegen Steinhöring vorzugehen und dann über Ebersberg gegen Grafing und Zornolding vorzudringen; das Reserve-Corps unter Kolowrat sollte sich bei Tulling aufstellen, den linken Flügel gegen Grafing unterstützen und die Strafse nach Wasserburg sichern; das Corps des Prinzen Condé sollte von Aibling nach Feldkirch gehen, gegen Glon vorrücken und sich in Verbindung mit General Merveldt setzen. Nachmittags 4 Uhr hatten sich die Kolonnen in Bewegung gesetzt, sie erhielten aber während des Marsches Befehl Halt zu machen, da die Unterhandlungen wegen Verlängerung des Waffenstillstandes einen günstigen Fortgang genommen. Am 20. war nämlich zu Hohenlinden, einem Ort, der bald zu einer traurigen Berühmtheit gelangen sollte, eine Konvention zu Stande gekommen, nach welcher eine Verlängerung des Waffenstillstandes auf 45 Tage, mit Inbegriff einer fünfzehntägigen Aufkündigungsfrist, festgesetzt wurde. Die Armee ging am folgenden Tag (21.) wieder in ihre Stellung bei Haag zurück, von wo aus sie in den nächsten Tagen die beiden Innufer besetzte; die französische Armee ging an die Isar zurück. Schon damals schrieb Moreau: »L'épuisement du pays entre l'Isar et l'Inn, destiné à être notre premier théatre de guerre, étant extrême, on est convenu de n'y laisser que de légers avant-postes.«*) Am 22. verliefs der Kaiser die Armee, um sich nach Wien zu begeben. Graf Cobenzl ging nach dem bestimmten Kongrefsorte Luneville ab. In der Verbindung Österreichs mit Grofsbritanien lag noch die grofse Schwierigkeit, die sich der Annäherung eines Friedens für Österreich und Deutschland entgegengesetzt hatte.

Infolge der Verläugerung des Waffenstillstandes mufsten die Festungen Philippsburg, Ulm und Ingolstadt »zur Disposition der französischen Armee übergeben werden« (Art. 1). Die Besatzungen dieser Plätze durften »mit allem, was ihnen gehört, frei herausgehen und sich zur kaiserlichen Armee in Deutschland begeben« (Art. 2). Die bayerische Kontingents-Brigade, in Ulm und Philippsburg stehend, marschierte in die Oberpfalz und vereinigte sich dort mit dem »Landesverteidigungs-Corps«**) Das Bataillon Schlofsberg hatte am

---

*) Mémorial, V, 208, Moreau an Carnot, 20. Septbr. 1800.
**) Siehe w. u. „Die Kontingents-Brigade unter Generalmajor Bartels."

1. Oktober den Befehl erhalten, von Ingolstadt weg »eine solche Route einzuschlagen, damit es sich mit Unsern diesseits des Inn und der Salza in Kantonierungen liegenden Subsidien-Corps, von welchem sein Bataillon einen Bestandteil ausmacht, vereinigen kann.« Schloſsberg marschierte nach Mühldorf, wo er bei der 1. Brigade einrückte. In Ingolstadt leerten die Franzosen, entgegen der Konvention, das dortige Zeughaus, wodurch sie Bayern einen Schaden von 263,362 Gulden 36 Kreuzer verursachten. Die Schleifung der Festungswerke von Ingolstadt kostete Bayern aufserdem eine monatliche Ausgabe von 550,000 Franken.

Diese verlängerte Ruhepause wurde zur Kompletierung und taktischen Ausbildung der Truppen, ferner zur Verstärkung der Stellungen am Inn durch ausgedehnte passagere Werke benutzt. Die Subsidien-Division muſste zu diesen Arbeiten ununterbrochen ungefähr 800 Mann stellen; jedem Mann waren für den Tag fünf Kreuzer Arbeitszulage versprochen worden. Schon Ende September that Generallieutenant Zweibrücken Schritte, um von diesen Arbeiten befreit zu werden, da u. a. die meisten Leute 12—14 Stunden weit zur Arbeit hätten und die versprochene Arbeitszulage bisher nicht bezahlt worden sei. Sie blieben wie fernere Versuche erfolglos. Am 4. Oktober brachte Wrede die Stimmung seiner Soldaten in Betreff dieser Schanzarbeiten zur Sprache, indem er sagte: »Ich bin überzeugt, wie unangenehm Euer Excellenz das Ansinnen des k. k. Armee-Kommando's um Stellung dieser Arbeiter gewesen sein muſs. Ich meines Orts kann und darf Euer Excellenz nicht bergen, welchen üblen Eindruck auf die Mannschaft dieses Begehren des Armee-Kommando's macht. Es ist bekannt, welche Spannung und welches Miſstrauen ohnehin den ganzen Lauf des Feldzuges fast hindurch zwischen den beiderseitigen Truppen geherrscht, und wie schwer es war unsere Soldaten von ihrer einmal gegen die Österreicher gefaſsten Meinung abzubringen. Kaum hat sich nun das Feuer ein wenig gelegt, kaum ist der Desertion,*) die bei vielen unserer Soldaten aus Haſs gegen die Österreicher eingetreten, vorgebeugt, so sollen unsere Soldaten in einem Zeitpunkt, wo die k. k. nur die besten Kantonierungen beziehen und ihrer Ruhe pflegen, unsern Truppen aber die ausgesaugten Länder

---

*) Am Schluſs des 20. Juli 1800 sagt das Journal des Platzmajors Magg von München: „Soeben werde ich verlässigt, daſs aufser der Stadt gegen 450 bayerische Desertenre verkleidet sich aufhalten, welche alle vom Subsidien-Corps entwichen, und einhellig die äuſserst üble Behandlung von denen Kaiserlichen zur Ursach angeben." (Herzoglich bayerisches Hausarchiv.)

überläfst, einen vierzehnstündigen Marsch machen, denn soweit sind meine im Gericht Traunstein liegenden 3 Bataillone entfernt, um, wie sie es nennen, Verschanzungen für die K. K. zu machen. Sie sollen zu einer Jahreszeit, wo die k. k. Truppen schon sozusagen Winterquartiere bezogen, im Koth kampiren und für 5 Kreuzer schanzen. Dies ist die Sprache der Soldaten, der ich und alle Offiziere keinen Einhalt zu thun vermögen.«*)

Am 25. November war die Subsidien-Division wie folgt untergebracht: Divisionsstab: Altötting. 1. Brigade: Bataillon Reufs in Altötting und Concurrez; Bataillon Minucci, Stengel (vorher Zedtwitz), Spreti, Schlofsberg und Metzen in den Gerichten Mermosen und Wald. 2. Brigade: Bataillon Pompei (vorher Siebein), Buseck, Dallwigk (vorher Pompei), Zoller, Lamotte (vorher Dallwigk) und Preysing (vorher Clofsmann) in den Gerichten Trostberg und Traunstein. Fufsjäger-Division: Kleburg. Alle diesseits des Inn zwischen Isen, Kleburg, Erding, Bruck. Chevaulegers-Regiment:**) Stab Marktl, Alt- und Neuötting 1 Eskadron, die übrigen 5 Eskadronen im Öttinger Gericht dies- und jenseits des Inn, bis an die Fufsjäger und reitende Artillerie. Reitende Artillerie: Winhörnig. Reserve-Artillerie: Ehring, Holzhausen und Teising.

*) K.-A. 1800 XI—XII.
**) Das Chevaulegers-Regiment und die Artillerie hatten am 1. Oktbr. 1800 folgende Stärke:

Kombiniertes Chevaulegers-Regiment: Oberst Freiherr v. Dorth.
Stab 7 Offiz. 9 Unteroffiz., 45 Gem. 75 Pferde
1. Eskdr.: Rittm. Graf Seyssel 5 „ 12 „ 136 „ 170 „
Eskadron-Chef Oberst Dorth.
2. Eskdr.: Rittm. Graf Yrsch 5 „ 9 „ 115 „ 154 „
Eskadron-Chef Major Vieregg.
3. Eskdr.: Rittm. Bourscheid 6 „ 12 „ 109 „ 150 „
Eskdr.-Chef Major Karl Pappenheim.
4. Eskdr.: Rittm. Elbracht 7 „ 11 „ 124 „ 143 „
Eskdr.-Chef Major v. Loé.
5. Eskdr.: Rittm. Viertel 8 „ 9 „ 127 „ 172 „
Eskdr.-Chef Major Fritz Pappenheim.
6. Eskdr.: Rittm. v. Laroche 6 „ 11 „ 149 „ 172 „
Eskdr.-Chef Major v. Blankart.

Feldartilleriestab, reitende- u. Reserve-Artillerie.
Stab: Major Tischleder 5 Offiz. 1 Unteroffiz. 22 Gem. 25 Pferde
Reitende Artillerie:
Hptm. Schweinichen, Oblt. Tausch
u. Lt. Caspers 3 „ 11 „ 127 „ 179 „
Reserve-Artillerie:
Hptm. Lamey 1 „ 8 „ 80 „ 180 „

Nachdem Moreau am 12. November den Waffenstillstand gekündigt, begannen die Feindseligkeiten am 28. November. Die beiden Armeen befanden sich um diese Zeit in folgenden Stellungen. Die Rheinarmee unter Moreau, welche, wie bei Beginn des Feldzugs, vier Massen bildete, stand zwischen Tirol und Donau und zwar der rechte Flügel unter Lecourbe beobachtete mit den Divisionen Nansouty und Molitor Tirol, indefs die beiden andern Divisionen Gudin und Montrichard bei Helfendorf standen; die Mitte unter Moreau mit der Division Richepance bei Ebersberg, mit der Division Decaen bei Zornolding und mit der Division Grandjean (später Grouchy) und der Kavallerie-Division Hautpoult bei Parsdorf; der linke Flügel unter Grenier: Divisionen Legrand, Ney und Hardy (später Bastoul, dann Bonnet) auf der Strecke Hohenlinden-Harthofen; ein Detachement in Vilsbiburg. Vom Corps des Niederrheins unter Brunnetau St. Suzanne waren die Divisionen Collaud und Laborde auf dem Marsche nach Landshut, die Division Souham blieb an der Altmühl, dem General Klenau gegenüber; das Heer zählte 103 Bataillone und 134 Schwadronen und war über 103,000 Mann stark.*)

*)
Rechter Flügel, Lecourbe	23,731	Mann,
Mitte, Moreau	28,433	„
Linker Flügel, Grenier	27,475	„
Corps Suzanne	24,082	„
	103,721	Mann.

Nach einer archivalen Notiz war die Einteilung der französischen Armee am 28. November wie folgt:

Augereau	général de division	Barbou,
	„ „ „	Dumonceau,
	Lieut. général	Duhesme,
Suzanne	général de division	Souham an der Regnitz,
	„ „ „	Delaborde (avec le corps polonais) Neuburg,
	„ „ „	Collaud Kelheim,
L'aile gauche	„ „ „	Legrand Vilsthal,
Lieut. géuéral	„ „ „	Bastoul Vilsthal,
Grenier	„ „ „	Ney Schwaben,
Centre	„ „ „	Grandjean Hohenlinden,
Moreau	„ „ „	Richepance Anzing,
	„ „ „	Decaen Ebersberg,
Aile droite	„ „ „	Molitor Holzkirchen,
Lecourbe	„ „ „	Montrichard Tölz,
	„ „ „	Gudin Weilheim,
	„ „ „	Grouchy nachher Vandamme,
Macdonald	„ „ „	La Boissière,
Graubündten	„ „ „	Rey,
	„ „ „	Morlot,
	„ „ „	Baraguay d'Hilliers.

Kriegsarchiv B. Einfall der Franzosen 1800, 1801, Kriegsereignisse.

Die österreichische Armee stand auf dem rechten Ufer des Inn, welches das linke allenthalben beherrscht, zwischen Braunau und Kufstein. Die im vollen Verteidigungszustande befindlichen Brückenköpfe von Wasserburg, Krayburg und Mühldorf trugen wesentlich bei, den Wert der ohnehin festen Stellung zu erhöhen. Statt nun hier den Angriff der Franzosen abzuwarten, schritt der junge Erzherzog zum Angriff. Sein Heer war zu sehr demoralisiert, es zählte zu viele Rekruten, es hatte endlich gegen zu beträchtliche Streitkräfte zu kämpfen, und zwar in einer Jahreszeit, in welcher alle Vorteile für denjenigen sind, der auf der Defensive bleibt. In Bezug auf die Ausführung war festgesetzt worden, dafs 20,000 Mann am Inn bleiben und 65,000 Mann am 26. November aus den Sammelstellungen bei Schärding, Passau und Hohenwart in drei Kolonnen aufbrechen und am 28. bei Geisenhausen (südöstlich Landshut) eintreffen sollten. Der Feldzugsplan gründete sich zwar auf ein Umfassen des linken feindlichen Flügels über Vilsbiburg, Landshut, Freising, München, Dachau, doch rechnete man eigentlich auf keinen ernsthaften Widerstand am rechten Isarufer, man hoffte im Gegenteil, dafs ein rascher Marsch der Avantgarde den Feind verhindern werde, die Brücke bei Landshut zu zerstören, und die Armee am 29. an das linke Isarufer übergehen könne. Am 28. befand sich die österreichische Armee in der Gegend von Eggenfelden, Neumarkt und Vilsbiburg. Die Avantgarde nahm Landshut, und Klenau ging an das rechte Donauufer. Da wurde ein neuer Plan entworfen, der allen schon getroffenen Anstalten eine andere Richtung gab. Die Armee wurde an die Isen geführt, wo sie bei Ampfing, rittlings dieses Flüfschens, gegen Haag Front machend, aufmarschierte. Dies geschah am 30. November.

Unter den Truppen, die am Inn zurückblieben, befanden sich die Condeer, das württembergische Kontingent unter Generallieutenant v. Hügel und die bayerische Subsidien-Division. Ersteren beiden war die Verteidigung des Innübergangs bei Rosenheim, den Bayern jene bei Wasserburg, Krayburg und Mühldorf übertragen.

Am 26. November betrug die Stärke der Subsidien-Division und zwar der Brigade Deroy 3448 Mann, der Brigade Wrede 3784 Mann, der beiden Scharfschützen-Compagnien 312 Mann, des Chevaulegers-Regiments 828 Mann; bei Mühldorf arbeiteten 1200 Mann, welche eingerechnet sind; in den Spitälern sollen sich 1097 Mann befunden haben, welche aufser Ansatz blieben.*)

»Die Truppen werden bei dem bevorstehenden Angriffe alles

---

*) K. k. Kriegsarchiv in Wien. Fascikel 11 Nr. 107.

mögliche leisten, doch fürchte ich, dafs die Infanterie wegen ihrer abgenutzten Kleidungsröckchen, wo noch der gröfste Teil gar keine Überröcke mehr hat, in dieser Jahreszeit bald sehr vermindert werden wird.«*)

An diesem Tage, 26., hatte Wrede den Befehl erhalten, bis zum folgenden Tag 5 Compagnien nach Wasserburg und 3 Compagnien nach Krayburg abzuschicken. Ergänzend war beigefügt: 1 Bataillon mit seinen Geschützen und 1 Compagnie des andern Bataillons kommen nach Wasserburg, die 3 übrigen Compagnien dieses Bataillons nebst seinen Geschützen und seinem Commandeur gehen nach Krayburg. Wrede bestimmte für Wasserburg das Bataillon Zoller mit seinen Geschützen und 1 Compagnie vom Bataillon Lamotte, für Krayburg die übrigen 3 Compagnien vom Bataillon Lamotte mit seinen Geschützen; dem Oberstlieutenant Lamotte wurde das Kommando im Brückenkopf von Krayburg**) übertragen; in jenem von Wasserburg kommandierte Oberst Siebein. Die Brückenköpfe sollten auf das tapferste verteidigt und erst auf höhern Befehl geräumt werden; eventueller Rückzug gehe auf dem kürzesten Weg nach Salzburg.

Am 27. November mufste das Chevaulegers-Regiment 1 Ritt- .

---

*) Bericht des österr. Major Romberg an Oberst Weyrother, Mühldorf 27. November 1800. Ebendaselbst.

**) Disposition, wie die zur Verteidigung des Brückenkopfes zu Krayburg bestimmten 400 Mann Infanterie zu verteilen kommen.

Redute Nr. 1	30 Mann
In den Ausfall an der Kurtine zwischen Nr. 1 u. 2	11 ,,
Redute Nr. 2	40 ,,
In den Ausfall an der Kurtine rechts Nr. 2	11 ,,
In den Ausfall an der Kurtine links Nr. 3	11 ,,
In der Redute Nr. 3	30 ,,
	133 Mann
Als Reserve auf dem rechten Innufer	133 ,,
Zur 3. Ablösung	134 .,
	400 Mann.

Die Reserve rückt im Fall einer feindlichen Attacke ebenfalls in das tête du pont, und giebt in die 1. Abteilung in jede Nr. die gleiche Mannschaft. Die in Ruhe belassene Mannschaft mufs jedoch sowohl bei Tag und Nacht im Falle einer Attacke ebenfalls zum Ausrücken bereit sein, um auf den Platz der Reserve sich zu stellen.

Krayburg, 27. November 1800.

De la Motte,   Ch. du Corrou,
Oberstlieutenant.   k. k. Ingenieur-Oberstwachtmeister.

Über die näheren Verhältnisse Wasserburgs und Mühldorfs konnte nichts aufgefunden werden. K.-A. 1800 XI—XII.

meister, 2 Offiziere, 3 Unteroffiziere, 4 Gefreite und 50 Gemeine nach Ampfing, ferner 1 Offizier, 1 Unteroffizier, 3 Gefreite und 21 Gemeine zum Major v. Kesling auf die Mühldorfer Strafse abstellen. Zur Besetzung des Mühldorfer Brückenkopfes hatte die Brigade Deroy 3 Bataillone mit ihren Geschützen, die Brigade Wrede 1 Bataillon mit seinen Geschützen abzustellen; Generalmajor Deroy übernahm das Kommando über diese Besatzung.

Am 28. rückten beide Brigaden in ein Lager bei Mühldorf.

Am folgenden Tag, 29., befahl Zweibrücken der Brigade Wrede, sofort 2 Compagnien ohne Geschütze zur Verstärkung des Oberst Siebein nach Wasserburg zu schicken. Wrede bestimmte hierzu 2 Compagnien vom Bataillon Dallwigk unter Major Schmöger, welche am 29. auf Wagen an ihren Bestimmungsort abgingen. Da nun in Wasserburg 7 Compagnien, in Krayburg 3 Compagnien, zum Generalmajor Deroy 4 Compagnien, nach Altmühldorf 4 Compagnien detachiert waren, verblieben Wrede nur noch 6 Compagnien, wie er am 29. meldete. An diesem Tage meldete Generallieutenant Zweibrücken dem Erzherzog die vollzogene Besetzung der Brückenköpfe von Wasserburg, Krayburg und Mühldorf und das Beziehen eines Lagers bei Mühldorf mit dem Rest seines Corps; ferner die voraussichtliche Verstärkung der Besatzung im Brückenkopf von Wasserburg um weitere 2 Compagnien. Schliefslich beklagte sich Zweibrücken über Schwäche seiner Division, was durch die vielfachen Detachierungen nach allen Richtungen hin hervorgerufen werde.*) Damals schrieb er (26.) in etwas optimistischer Weise u. a. an den Kurfürsten: »Dans tous le cas, notre plus dangereux ennemi sera la saison dont la rigueur augmentera tous les jours et influera beaucoup sur la santé du soldat.« Der 3. Dezember sollte den Divisions-Commandeur belehren, dafs Ungeschicklichkeit und Selbstüberschätzung weit zerstörender wirkten, als die rauhe Witterung, da auch noch der letzte Funken von moralischer Kraft erlosch.

Unterdessen hatte sich auch Moreau in Bewegung gesetzt, um sich Klarheit über die Absichten seines Gegners zu verschaffen. Lecourbe ging nach Rosenheim, Decaen liefs Abteilungen zwischen Wasserburg und Rosenheim an den Inn vorgehen und Richepance griff den Brückenkopf von Wasserburg um die Mittagszeit des 28. mit sehr schwachen Kräften an, bei welcher Gelegenheit dem Bataillon Zoller 3 Mann verwundet worden waren. Richepance begnügte sich damit, die vorgeschobenen Posten in den Brückenkopf

---

*) K. k. Kriegsarchiv Fascikel 11 St. ad Nr. 160.

zurückgeworfen zu haben.*) Er nahm eine Stellung, welche ihm gestattete, die Verbindung mit Haag, Ebersberg und Rosenheim gleichzeitig zu decken. Grenier rückte mit den Divisionen Ney und Legrand auf die Anhöhen bei Ampfing, wo es am 1. Dezember zu einem Gefechte kam, das die Franzosen zum Rückzug zwang. Dieser Erfolg, den hier zwei Drittteile des österreichischen Heeres über drei Divisionen — die Division Grandjean war noch als Unterstützung nachgeschickt worden — errangen, rief bei dem gänzlich unerfahrenen Erzherzog die Täuschung hervor, das ganze feindliche Heer sei geschlagen. Genährt wurde dieser Irrthum, als die Franzosen auch Haag räumten. Man sah sie bereits im vollen Rückzug hinter den Lech. Statt dessen hatten sie, gedeckt durch den »Grofs Haager Forst«, Stellung bei Hohenlinden genommen. Der Sieg wurde von dem Erzherzog nicht ausgenutzt, was den Franzosen Zeit gab, sich zu sammeln und von ihrer Überraschung zu erholen. Dieser Fehler war die erste Ursache der Katastrophe vom 3. Dezember.

Hohenlinden liegt auf der Wasserscheide zwischen Isar und Inn, da wo dieser von seinem nördlichen Laufe sich ostwärts wendet, umgeben von dichten Laub- und Nadelholzforsten mit kleinen Lichtungen und Blöfsen. Hier kreuzen sich die Strafsen Freising-Wasserburg und München-Mühldorf. Mit der letzteren Strafse läuft jene von München nach Wasserburg parallel. Diese Hauptstrafsen sind aufserdem blofs durch Dorf- und Holzwege verbunden. Von Mühldorf bis Hohenlinden, dem Mittelpunkt zwischen Isar und Inn, ist das Gelände hügelig und von Hohlwegen und Gebüschen durchschnitten; erst über Erding und Zornolding hinaus, tritt man in die Ebene der Isar.

Auf diesem Terrain stellte Moreau sein Heer — dem blind nachziehenden Feinde unbewufst — am 2. Dezember, während starke Arrieregarden im langsamen Weichen den Feind festhielten, wie folgt auf: Das Corps des Generals Grenier zwischen Hohenlinden und Harthofen mit Detachements in Längdorf, Isen und Loipsing. Grenier hatte den Befehl, sich auf das Festhalten seiner Position so lange zu beschränken, bis der Obergeneral ihm den Befehl zum Ergreifen der Offensive geben würde. Die Reserve-Kavallerie, hinter Hohenlinden stehend, wurde dem General Grenier unterstellt. Die Division Grandjean, über welche der General Grouchy den Befehl

---

*) So die Geschichte des 3. Infanterie-Regiments (Manuskript) und sämtliche französischen Quellen. Dagegen spricht Völderndorff, 1, 165, von einem zweimaligen vergeblichen Angriff auf den Brückenkopf von Seiten des Generals Richepance; die Relation Zweibrückens in der Schrift: „Die Schlacht bei Hohenlinden u. s. w." läfst den Brückenkopf am 29. Nov. (p. 11) und am 1. Dez. (p. 14) angreifen.

übernommen hatte, durchschnitt die Strafse, lehnte ihren linken Flügel an Hohenlinden und versagte den rechten entlang des Waldsaumes. In Erding stand eine Kavallerie-Brigade nebst 4 Compagnien Infanterie. Die Division Richepance in Ebersberg und die Division Decaen in Zornolding. Der rechte Flügel unter Lecourbe bei Grofs- und Klein-Helfendorf und bei Pframering an der Glon, zwischen der Wasserburger- und Rosenheimerstrafse. Zwei Divisionen vom Corps des Generals St. Suzanne unter General Colland erhielten Befehl am 3. Dezember in Freising einzutreffen; sie konnten jedoch vor dem 5. nicht daselbst ankommen. Diese Divisionen, sowie das Corps Lecourbe's nahmen somit keinen Anteil an der Schlacht. Die Stärke der an der Schlacht teilnehmenden Truppen betrug circa 56,000 Mann.

Das österreichische Heer vereinigte sich bei Haag.

Am 1. Dezember hatte Generallieutenant v. Zweibrücken den Befehl erhalten, mit sämtlichen bayerischen Truppen, die nicht in den Brückenköpfen von Krayburg, Mühldorf und Wasserburg stünden, am 2. Dezember bei Haag zur Armee zu stofsen.*) Zu diesem Zweck brach die Subsidien-Division am 2. Dezember Morgens 2 Uhr aus ihrer Stellung bei Mühldorf auf und erreichte um 8 Uhr Vormittags Haag, wo sie sich rückwärts des Städtchens aufstellte. Der Marsch geschah in folgender Ordnung:**) 1 Eskadron Chevaulegers; 2 Compagnien Scharfschützen; Reserve-Artillerie, reitende Batterie, 2 Compagnien des Bataillons Dallwigk als Partikularbedeckung der Artillerie;***) 4$^1/_2$ Schwadronen Chevaulegers; Brigade Deroy 5 Bataillone (Reufs, Metzen, Minucci, Stengel, Schlofsberg), Brigade Wrede 3 Bataillone (Pompei, Preysing, Buseck); Kesselpferde. Bei den Kesselpferden befand sich die Bemerkung: »Andere Packpferde noch Wagen werden nicht geduldet. Das Corps hat sich mit dem nötigen Fleisch zu einem Abkochen zu versehen.« Ferner befand sich seitlich der Brigaden Deroy und Wrede die Bemerkung: »Tête de pont von Mühldorf bleibt mit einem Bataillon von Deroy besetzt; Preysing (Alt-Mühldorf) und Buseck (Brückenkopf Mühldorf) rücken bei ihrer Brigade (Wrede) ein; die Têtes de pont von Wasserburg und

---

*) K. k. Kriegsarchiv. Fasc. 12 St. 11.
**) K. k. Kriegsarchiv in Wien. Fascikel 12. Vom Chevaulegers-Regiment nur 5$^1/_2$ Schwadronen, nachdem 2 Offiziere und 62 Pferde am Inn zurückgeblieben waren.
***) Eine Compagnie des Bataillons Dallwigk (Hauptmann Bernclau) wird als Bedeckung der Artillerie angegeben, die andere Compagnie entzieht sich bis jetzt jedem Nachweis. Wir werden aber nicht fehlgehen, wenn wir sie gleichfalls als Bedeckung der Artillerie in Verwendung nehmen.

Krayburg bleiben mit ihren dermaligen Garnisonen besetzt.« Somit blieben im Brückenkopf von Wasserburg: Bataillon Zoller, 2 Compagnien vom Bataillon Dallwigk und 1 Compagnie vom Bataillon Lamotte; im Brückenkopf von Krayburg: 3 Compagnien vom Bataillon Lamotte und im Brückenkopf von Mühldorf das Bataillon Spreti. Ferner blieben am Inn zurück 1 Rittmeister, 1 Lieutenant und 62 Pferde vom kombinierten Chevaulegers-Regiment und von der Artillerie 1 Offizier, 23 Mann und 8 Knechte. Werden die abkommandierten Truppen zu beiläufig 2204 Mann angenommen, so bleiben von 9221 Mann, welche die Division vor der Schlacht zählte, noch 7017 Mann übrig.*) Es befanden sich sonach in der Marschkolonne: $8^1/_2$ Bataillone mit 18 Kanonen — da das Halbbataillon Dallwigk seine beiden Bataillonsgeschütze mitführte — 2 Scharfschützen-Compagnien, $5^1/_2$ Schwadronen Chevaulegers und die reitende Batterie zu 8 Geschützen; die Gesamtzahl der Geschütze, welche bei Hohenlinden anwesend waren und dort verloren gingen, betrug somit 26.

Die feindliche Arrieregarde hatte sich nach einem kurzen Widerstand, den sie bei »Strafsmeiers Wirtshaus« der österreichischen Avantgarde unter Generalmajor Löppert entgegensetzte, auf Hohenlinden zurückgezogen. Der General Löppert folgte bis an den Westrand des »Grofs Haager Forstes«, wo er rittlings der Strafse mit seinen $4^4/_6$ Bataillonen und 10 Schwadronen Stellung nahm. Kienmayer entrifs Dorfen dem General Legrand, Mecsery streifte in der Richtung gegen Erding und Freising, Klenau in jener gegen Pfaffenhofen.

*)
Bat. Spreti	15 Offz.	4 Chir.	39 Unteroff.	9 Sp.	525 Gef. u. Gem.	2 Gesch.
„ Zoller	16 „	4 „	43 „	11 „	492 „ „ „	2 „
„ Lamotte	15 „	3 „	42 „	10 „	612 „ „ „	2 „
„ Dallwigk, 2 Comp.	7 „	1 „	21 „	6 „	233 „ „ „	— „
Chevaulegers	2 „	— „	— „	— „	62 „ „ „	— „
Artillerie	1 „	— „	— „	— „	31 „ „ „	— „
	56 Offz.	12 Chir.	145 Unteroff.	36 Sp.	1955 Gef. u. Gem.	6 Gesch.

2204 Mann.

Nach einer Notiz auf dem k. k. Kriegsarchiv zu Wien Fasc. 12 Stück 559 hätten sich im Brückenkopf von Wasserburg befunden:

Bataillon Zoller,   4 Compagnien, 566 Mann,
„ Lamotte,   1   „   151   „
„ Stengel,   2   „   289   „
„ Dallwigk,   2   „   268   „
Chevaulegers   64   „
Artillerie   32   „

Die Geschichte des 3. Infanterie-Regiments (Manuscript) stimmt mit letzterer Angabe überein.

Da diese Bewegungen darauf schliefsen liefsen, dafs die österreichische Hauptkolonne auf der Strafse Mühldorf-München vorzugehen bestimmt sei, und ein Umfassen des französischen linken Flügels bevorstand, gab Moreau dem General Richepance in Ebersberg den Befehl, mit Tagesanbruch aufzubrechen und über Christoph nach dem Dorfe Maitenbeth zu marschieren, um die österreichische Hauptkolonne im Rücken anzugreifen, sobald sie in dem Defilé zwischen diesem Ort und Hohenlinden sich befinden würde.*) Decaen zu Zornolding war angewiesen, dem General Richepance auf dem Fufs zu folgen und blofs eine Abteilung bei Ebersberg zu belassen, um in Gemeinschaft mit Lecourbe, der von Pframering auf Ebersberg beordert war, die Kunststrafse von Wasserburg zu beobachten, und Allem, was von dort her vordringen werde, in die Flanke zu fallen. Allenthalben sollten Spitzen vorgeschoben werden.

Die Disposition, welche der Erzherzog für den 3. ausgab, lautete:**) »Die hier bei Haag versammelte Armee, mufs sich den 3. bei Anzing über Hohenlinden mit der Division Kienmayer vereinigen, welche heute über Isen bis Buch vorgerückt sein wird. Hierzu wird den 3. in 3 Kolonnen um 5 Uhr Früh aufgebrochen. Die Division Riesch formiert die linke Kolonne, sucht die Strafse zu gewinnen, die von Albaching nach Hohenlinden führt, und unterhält die Kommunikation mit der Hauptstrafse bei Steinhöring. Die Avantgarde erhält noch heute das Regiment Benjowsky und die Reserve das kurpfalzbayerische Corps. Die Avantgarde — und Reserve bilden die mittlere Kolonne, sie brechen ebenfalls um 5 Uhr Früh auf, sie haben auf der Strafse über Hohenlinden gegen Anzing vorzurücken und links mit der Division Riesch — und dann jener des Feldmarschall-Lieutenant Baillet Verbindung zu erhalten. Die Division Baillet rückt ebenfalls um 5 Uhr den 3. ab, nimmt ihren Weg über Oberndorf, Weyer und Mittbach gegen Hohenlinden stets rechts und parallel mit der Hauptstrafse bis Anzing und hält

---

*) Wer die Quellenstücke im Mémorial etc., V., 307, 308, 309, gelesen, kann nicht mehr zweifeln, dafs Richepance schon am 2. den ausdrücklichen Befehl erhalten hatte, am folgenden Tag, den 3., in den Rücken des Feindes zu fallen. Dagegen sind die einschlägigen Befehle nicht erschöpfend genug; siehe deshalb Thiers, Geschichte des Konsulats und des Kaisertums. Deutsche Uebersetzung von Bülau, 2, 191, 199, 200.

**) Il faut que Messieurs les faiseurs du quartier-général autrichien aient été tellement éblouis des petits succès remportés dans ces journées, qu'ils regardèrent toute précaution ultérieure comme inutile, et c'est sans doute cette aveugle prévention qui dicta la disposition arrêtée pour le 3 décembre, la quelle sera intéressante à connaitre dans toute son étendue. Bay. Relation im Geh. Staatsarchiv u. Mémorial du depot général de la guerre, 380.

während dem Marsche genaue Verbindung mit der mittleren Kolonne und jener des Generals Kienmayer, welcher schon heute den 2. von Dorfen über Längdorf nach Buch vorzukommen bemüht ist. Der Marsch der Truppen mufs sich durch das beschwerliche Fortbringen des Geschützes nicht aufhalten lassen; wenn auch die Kolonne ganz ohne Geschütz — aber zur rechten Zeit ankömmt, so wird die Absicht des Ganzen ebenso gewifs erreicht, als solche zuverlässig verloren geht, wenn Zaudern den Marsch aufhält. Das Geschütz kann entweder der Queue der Kolonnen folgen, oder im schlimmsten Falle auf der Hauptstrafse zur Kolonne eintreffen. Die ganze bei Anzing am 3. sich vereinigende Armee mufs ihre Lebensmittel, dann Tragpferde und Kochgeschirr samt Schlachtvieh dergestalt zum Heer haben, dafs bei Anzing gleich abgekocht — und am folgenden Tag ebenso zeitig weiter vorgerückt werden kann.«

In der festen Annahme, dafs der Gegner in der Nacht seinen Rückzug fortgesetzt und man nur die Arrieregarde einer von Stellung zu Stellung weichenden Armee vor sich habe, setzte sich das österreichische Heer am 3. Dezember Morgens 5 Uhr in Bewegung.*) Die Mittelkolonne (Kolowrat), bei welcher sich die bayerische Subsidien-Division befand, rückte auf der Hauptstrafse gegen Hohenlinden vor, während die linke Flügelkolonne (Riesch) über Haslach, Albaching gegen Hohenlinden ging, die rechte Flügelkolonne (Baillet) über Schnaupping nach Mittbach sich dirigierte und eine vierte Kolonne (Kienmayer) von Längdorf über Riesbach und Isen nach Schwaben bestimmt war. Als Vereinigungspunkt aller Kolonnen war Anzing bezeichnet, das 3 Stunden über Hohenlinden hinaus d. i. westlich von diesem Dorfe liegt. Die Mittelkolonne mufste, um vorerst in die Ebene und dann nach Hohenlinden zu gelangen, den »Grofs Haager Forst« durchziehen, welcher einen Engpafs von anderthalb Stunden Länge bildet. Die Truppen führten sich Schlachtvieh, Fourage etc. mit, woraus zur Evidenz hervorgeht, dafs die Heerleitung die feste Überzeugung hegte, Hohenlinden sei bereits vom Feinde geräumt. Schneegestöber füllte die Luft, so

---

*) Am 3. Dezember, kaum als der Tag zu grauen anfing, bewegten sich schon die verschiedenartigsten Kolonnen aneinander hart gedrängt und mit Kriegskassen, Artillerie-Reserve, Trains, ja sogar mit Ochsen-Transporte vermengt, in der Richtung und auf der Strafse von Haag nach Hohenlinden in den Wald hinein, als ob Alles im tiefsten Frieden und an einen Feind gar nicht zu denken wäre, ohne Lokalkenntnis und Entsendung von Seitenpatrouillen, bis auf einmal vorne an der Tête einige kleine Gewehrschüsse sich hören liefsen..... Ich sagte scherzweise zu meinem Herrn Hauptmann, dafs dieses kleine Gewehrfeuer gewifs den Anfang zum Abkochen bei Anzing mache. . . . . Xylander, Anton v., Tagebuch.

dafs man kaum hundert Schritte vor sich sehen konnte; Regen und Schnee hatten den Boden beinahe völlig grundlos gemacht, Menschen und Pferde konnten nur mit ungewissen langsamen Schritten vorangehen, und der physische und moralische Zustand des Soldaten war der Erschöpfung nahe. Unter solchen Ausspicien begann die Schlacht. Mühevoll schleppten sich die Kolonnen Kienmayer, Baillet und Riesch durch das grundlose Terrain. Zu gleicher Stunde, 5 Uhr Morgens, brach auch die Kolonne Kolowrat auf, ungeachtet sie die gutgebaute Chaussee zu benutzen hatte.

Infolge dieses fehlerhaften Kalküls traf die Tete der Kolonne Kolowrat schon um 7 Uhr Vormittags an dem Kreuzweg ein, der von Isen kommend, die Strafse durchschneidet und über Schützen nach Christoph führt, indefs die Kolonne Baillet erst um 10 Uhr Vormittags bei Schnaupping und die Kolonne Riesch zur nämlichen Zeit bei Albaching eintraf.

An der Tete der Kolonne Kolowrat marschierte die österreichische Grenadier-Division, aus 8 Bataillonen bestehend, hierauf folgte die Infanterie der bayerischen Subsidien-Division, 8 Bataillone und 2 Scharfschützen-Compagnien, dann die gesamte Reserve-Artillerie und am Schlusse derselben die bayerische reitende Batterie Schweinichen unter Bedeckung von 2 Compagnien vom Bataillon Dallwigk; Kesselpferde, Wagen mit Fourage, Schlachtvieh u. s. w. bildeten die Queue der Kolonne. Das bayerische Chevaulegers-Regiment, 5$^1/_2$ Schwadron, war aus der Marschkolonne herausgenommen worden, hatte sich vereinigt und nördlich der Strafse in der Richtung auf Miesberg Stellung genommen. Die zur Kolonne Kolowrat gehörige Kavallerie-Division unter Feldmarschall-Lieutenant Fürst Lichtenstein, aus 2 Brigaden à 2 Regimenter bestehend, stand noch bei Haag.*)

Die Kolonne Kolowrat zählte somit 17 Bataillone (einschlüssig der 2 bayerischen Scharfschützen-Compagnien und der 2 Compagnien vom Bataillon Dallwigk) und 31$^1/_2$ Schwadronen. Wird hierzu noch

---

*) Feldmarschall-Lieutenant Fürst Lichtenstein.
Brigade: Generalmajor Graf Grüne
    Erzherzog Ferdinand Husaren   8 Schwadr.
    Hohenzollern Kürassiere   6 „
                            14 Schwadr.
Brigade: Generalmajor Wolfskehl
    Lothringen Kürassiere   6 Schwadr.
    Albert Kürassiere   6 „
                          12 Schwadr., zusammen 26 Schwadronen.
Osterr. milit. Zeitschft., 1836, 4, 21. Hierzu das bayer. Chevaulegers-Rgt. zu 5$^1/_2$ Schwadronen macht 31$^1/_2$ Schwadronen.

die Avantgarde zu $4^4/_6$ Bataillonen und 10 Schwadronen gezählt, so ergiebt sich eine Gesamtstärke von $21^4/_6$ Bataillonen und $41^1/_2$ Eskadronen. Die Stärke der Kolonne Kolowrat wird zu 16,032 Mann und 5173 Pferde angegeben, was wohl zu gering sein dürfte, da die Bayern nur zu 4 Bataillonen und 2 Schwadronen oder 2230 Mann und 230 Pferde angenommen sind,*) indefs sie immerhin circa 7000 Mann zählten; die Stärke dürfte daher wohl zu 21,000—22,000 Mann anzunehmen sein. Die Stärke der vier Kolonnen wird zu 57,019 Mann und 15,017 Kavallerie-Pferde angegeben.**)

Nachdem die Tete der Kolonne Kolowrat am bezeichneten Kreuzweg eingetroffen war, ging die Avantgarde, zu der inzwischen die beiden bayerischen Scharfschützen-Compagnien gestofsen waren,***) um beiläufig $7^1/_2$ Uhr Vormittags zum Angriff des Gegners bei Kreith und Birkach über, ungeachtet von der linken Seitenkolonne (Riesch) kurz vorher die Meldung eingetroffen war, dafs es ihr nicht möglich sei, auf gleicher Höhe mit der Mittelkolonne vorzurücken. Der kräftige Widerstand, den die Avantgarde fand, zeigte indessen bald, dafs man hier mit mehr als einer Arrieregarde zu thun habe; und so war es auch. Kolowrat verstärkte seine Avantgarde durch das Husaren-Regiment Erzherzog Ferdinand aus der Kavallerie-Division und 2 Grenadier-Bataillone unter Generalmajor Spannochi aus dem Gros; der Feind wurde zum Rückzug genötigt. **Zur Behauptung des errungenen Vorteils wurden die drei bayerischen Bataillone Reufs, Minucci und Metzen unter Generalmajor Deroy gegen Kreith vorgeschickt.**†) Beiläufig

---

*) Die Bayern werden angegeben: Wrede, Pfälzer Truppen, 4 Bataillone, 2 Eskadronen, 2230 Mann, 230 Pferde. Österr. milit. Zeitschft., 1836, 4, 21.

**)

I. Rechte Flügelkolonne (Kienmayer)	21 Bat.	24 Esk.	15,981 M.	3370 Pf.
II. Zwischenkolonne (Baillet)	10 „	24 „	11,688 „	3342 „
III. Strafsenkolonne (Kolowrat)	$16^4/_6$ „	38 „	16,032 „	5173 „
IV. Linke Flügelkolonne (Riesch)	12 „	24 „	13,318 „	3132 „
Sa.	$59^4/_6$ Bat.	110 Esk.	57,019 M.	15,017 Pf.

Österr. milit. Zeitschft., 1836, 4, 22.

***) Auf das Anerbieten, Leute, die aller Schleichwege in den vorliegenden Wäldern kundig seien, zu Führern verschiedener, hauptsächlich der Zwischen-Kolonnen abzugeben, mufste eine Division Jäger zu der Avantgarde detachiert werden. Die Schlacht bei Hohenlinden u. s. w. 15.

†) Wir wollen hier, sowie weiter unten zeigen, wie abweichend die Verwendung der bayerischen Truppen in der Schlacht bei Hohenlinden angegeben wird. Durch Konfusion, Widersprüche und Oberflächlichkeit aber zeichnen sich die drei bayerischen Berichte aus, welche wir zu benutzen Gelegenheit hatten. Es sind dies 1. ein in französischer Sprache abgefafster Bericht, den

um 9 Uhr Vormittags wurden Spaunochi und Deroy »aus dem Wald hinter Hohenlinden wieder zurückgeworfen«, worauf Kolowrat weitere

Generallieutenant Zweibrücken an den Kurfürsten erstattete; er befindet sich im Geh. Staatsarchive. Eine Abschrift defselben enthält mit unbedeutenden Änderungen das Mémorial du dépôt générale de la guerre, V, 377—384. Major Ditfurth wird als Verfasser bezeichnet. Eine Übersetzung defselben enthält mit Weglassung einiger kritisierender Stellen über die österreichische Heerleitung und einigen Modifikationen die i. J. 1803 in München gedruckte Schrift: „Die Schlacht bei Hohenlinden, nebst denen ihr vorhergegangenen und nachgefolgten Bewegungen beider Heere, vom 27. November bis 10. Dezember 1800. Von einem bayerischen Offizier des damaligen Generalstabs dieser Armee. Hierzu ein Plan." Der Sohn und Biograph Ditfurths hält dafür, dafs die fragliche Schrift nicht von seinem Vater herrühre, da sie mit seiner Schreibweise nicht übereinstimme. 2. Originalbericht des Generallieutenant Baron Zweibrücken dato Mühldorf den 4. Dezember 1800 an Erzherzog Johann. K. k. Kriegsarchiv in Wien. Fasc. 12 St. ad 63. 3. Journal pro Dezember 1800. Kurpfalzbayerisches Subsidien-Corps betreffend. K. k. Kriegsarchiv. Fasc. 12 St. 551. In den bayerischen Archiven war über die Schlacht bei Hohenlinden kein weiteres Produkt aufzufinden. Relationen der Abteilungen u. s. w. waren seiner Zeit vorhanden. Völderndorff hat sie benutzt. Was aus denselben seitdem geworden, ist unbekannt. Ein günstiger Zufall führt vielleicht einmal auf ihre Spur. Bis zu diesem Zeitpunkt möge das lesende Publikum mit dieser Schilderung vorlieb nehmen. Einschlägige Fünde werden wir jedenfalls zur öffentlichen Kenntnis bringen. Nun wollen wir zur Beibringung einiger Angaben übergehen:

1) „Der Erzherzog liefs eine Grenadier-Brigade und drei Bataillone der bayerischen Brigade Deroy zur Unterstützung der Kolonnenspitze vorrücken." Völderndorff, 1, 170.

2) „Zur Behauptung des errungenen Vorteils wurde ein Teil der bayerischen Truppen vorgeschickt." Österr.-milit. Zeitschrift, 1836, 4, 23.

3) „Nachdem ich auf Verlangen des Herrn Feldmarschall-Lieutenant Kolowrat eine Brigade vor in das feindliche Feuer geschickt, dann zur Deckung der linken Flanke der Kolonne zwei Bataillone detachiert hatte." General Zweibrücken an Erzherzog Johann, Mühldorf, 4. Dezember 1800. K. k. Kriegsarchiv. Fasc. 12 Stück ad 63.

4) „Drei Bataillone bayerischer Truppen, nämlich Reufs, Minucci und Metzen wurden zur Unterstützung der Avantgarde vorgezogen." Journal pro Dezember 1800. Kurpfalzbayerisches Subsidien-Corps betreffend. K. k. Kriegsarchiv. Fasc. 12 Stück 551.

5) „Während dessen war der Feind in der Front beinahe bis auf seine erste Positionslinie hingedrückt worden, wozu die beiden Grenadier-Brigaden der Reserve — und eine Brigade des Corps verwendet wurde." Relation Zweibrückens in „der Schlacht bei Hohenlinden u. s. w." 16.

6) „General Deroy rückte mit den Bataillonen Reufs, Metzen und Minucci dem Reserve-Corps nach." Geschichte des 3. Infanterie-Regiments.

7) „Il s'y engagea un combat très vif, mais indécis, qui fut principalement soutenu par une brigade de grenadiers autrichiens et par une brigade bavaroise." Mémorial, V, 381.

2 Grenadier-Bataillone in die Waldöffnung vorgehen liefs, welche das Gefecht wieder einigermafsen in Gang brachten.*) Die Avantgarde erreichte nach und nach eine Stärke von $11^4/_6$ Bataillonen (darunter 4 Grenadier-Bataillone und 3 bayerische Bataillone aus dem Gros), 2 bayerische Scharfschützen-Compagnien (welche schon während des Marsches aus dem Gros zur Avantgarde vorgezogen worden waren) und 18 Schwadronen (darunter 1 Regiment zu 8 Schwadronen aus der Kavallerie-Division). Im Laufe des späteren Gefechtes hatte das Bataillon Minucci einen Kavallerieangriff mit Ruhe abgeschlagen. Die bayerischen Bataillone hatten dann, nachdem sie einen Wald zweimal mit grofser Entschlossenheit angegriffen sich rechts mit zwei österreichischen Bataillonen in Verbindung gesetzt, welche Baillet, als er von Schnaupping kommend, in Mittbach eingetroffen war, in seine linke Flanke, in der Richtung auf Hohenlinden, entsandt hatte. Die beiden österreichischen Bataillone stürmten eine Batterie fruchtlos und plänkelten mit dem Feind »ohne bestimmten Zweck, wie auch ohne Erfolg.« Auch nach Kronacker hatte Baillet 1 Bataillon und $^1/_2$ Eskadron vorgehen lassen.**)

Um die verloren gegangene Verbindung mit der linken Flügelkolonne wieder herzustellen, liefs Kolowrat, auf mehrmaliges Drängen des Generallieutenants Zweibrücken zu der Zeit als er den Generalmajor Spannochi mit 2 Grenadier-Bataillonen zur Verstärkung der Avantgarde abschickte, 2 Grenadier-Bataillone und 1 Eskadron (von der Avantgarde-Kavallerie) nach Christoph abgehen, »um diesen Punkt bis zum Eintreffen der Kolonne Riesch zu behaupten.« Dieses Detachement stiefs, wie wir gleich hören werden, auf die Division Richepance und wurde von derselben zerstreut.

Die Division Richepance war am 3. Dezember um 4 Uhr Vormittags aus ihren Quartieren zu Ebersberg, Steinhöring, Tulling u. s. w. aufgebrochen, um sich bei Christoph zu vereinigen. Nachdem dieses um 7 Uhr geschehen, brach sie um $7^1/_4$ Uhr aus der Sammelstellung bei Christoph auf und marschierte in der Richtung auf Maitenbeth. Die Marschordnung war wie folgt:***) Linke Flügelbrigade unter Sarrut: 8. Halbbrigade, 1 Jägerregiment zu Pferde, 3 Geschütze. Brigade Walther: 3 Geschütze, 48. Halbbrigade,

---

*) Bericht des Generals Kolowrat über das am 3. Dezember bei Hohenlinden mit dem Corps der Reserve vorgefallenen Gefechte. K. k. Kriegsarchiv in Wien. Fascikel 12 Stück 100.
**) Österr.-milit. Zeitschrift, 1836, 4, 27.
***) Rapport de la division Richepance sur la bataille du 12 Frimaire. Spectateur militaire 22, 264.

1. Bataillon der 14. leichten Halbbrigade, 5. Husarenregiment. Rechte Flügelbrigade: 2 Bataillone der 27. Halbbrigade, 3 Geschütze, 20. Jägerregiment zu Pferde. Reserve unter General Sahuc: 1 Bataillon der 27. Halbbrigade, 3 Geschütze und 10. Kavallerieregiment.*)

Schon hatten die 8. Halbbrigade, das 1. Jäger-Regiment zu Pferde und die 48. Halbbrigade Christoph passiert, als sie plötzlich auf das österreichische Detachement stiefsen, welches Christoph zu besetzen Willens war. In der Höhe des 1. Bataillons der 14. leichten Halbbrigade, welches beiläufig die Mitte der Marschkolonne bildete, griff das Detachement die linke Flanke desfelben energisch an. Die Kolonne stutzte momentan, warf aber schliefslich, nachdem Ruhe und Besonnenheit wiedergekehrt, das österreichische Detachement zurück. Die französische Kolonne aber war hierbei »abgerissen«. Die Bedeutung seiner Aufgabe in ihrer vollsten Tragweite erfassend, beschlofs Richepance, mit den genannten Abteilungen unter General Walther seinen Marsch über Schweigen, die alte Strafse überschreitend, in nordöstlicher Richtung fortzusetzen, während er den hinteren Teil der Kolonne, vom 1. Bataillon der 14. leichten Halbbrigade beginnend, unter General Drouet bei Christoph mit dem Auftrage zurückliefs, bis zur Ankunft Decaen's dort zu verbleiben und, nachdem dieser eingetroffen, ihm zu folgen.**) Drouet liefs sofort Abteilungen gegen Albaching und in seiner rechten Flanke auf der Wasserburgerstrafse, vorgehen.

Nach Zeit und Raum kann es nur das Detachement gewesen sein, welches von der Mittelkolonne abgeschickt worden war, um Christoph zu besetzen. Beide Teile waren zwischen 7 und 8 Uhr aufgebrochen, der eine in der Nähe von Christoph, der andere von der Haag-Hohenlindener Strafse. Ihre Marschrichtungen mufsten zur berührten Zeit hier zusammentreffen. **Von Abteilungen der linken Flügelkolonne Riesch kann hier noch keine Rede sein.**

---

*) Verglichen mit der „ordre de bataille" im Mémorial etc. 5, 420 ergeben sich folgende Abweichungen von derselben: sie kennt keinen General Sarrut, wenngleich Seite 359 ebendaselbst von den „Brigaden Sahuc und Sarrut" gesprochen wird; die 14. leichte Halbbrigade gehörte zur Division Decaen; sie spricht von 14 Geschützen, während hier nur 12 Geschütze aufgeführt sind.

Nach dem „Mémorial" betrug die Stärke der Division Richepance: 10,151 Mann, darunter 2122 Mann Kavallerie nebst 14 Geschützen.

**) Drouet kommandierte die 2. und Walther die 1. Brigade der Division Richepance. „Je reçus l'ordre de rester, à Christophe, pour y attendre, les premières troupes du général Lecourbe, commandées par le général Decaen." Le maréchal Drouet, comte d'Erlon, 16.

Es war beiläufig 9 Uhr Vormittags, als Richepance mit seiner 1. Brigade bei Marsmeier eintraf. Dort wurden Gefangene gemacht, von denen man erfuhr, dafs Maitenbeth nur mehr 500 Toisen entfernt sei. »In der That lag dieser Ort in gleicher Höhe mit unserm linken Flügel, auf der Kante einer Höhe, deren Fufs wir nur sahen.«*) Die Spitze der Kolonne schwenkte links, indem sie eine sehr steile Anhöhe bei Maitenbeth erstieg. Die Grenadier-Compagnie der 8. Halbbrigade stürzte sich auf eine feindliche Kavallerie-Feldwache, welche gefangen wurde. Die 8. Halbbrigade ging durch Maitenbeth und formierte sich jenseits des Dorfes und parallel mit der Strafse, welche auf Flintenschufsweite von dem Dorfe entfernt ist; das 1. Jägerregiment zu Pferd ging rechts an Maitenbeth vorbei und nahm Stellung auf dem rechten Flügel der 8. Halbbrigade; die Geschütze, welche fest aufgeschlossen folgten, fuhren vor der Front der 8. Halbbrigade auf; die 48. Halbbrigade liefs Maitenbeth rechts liegen und erhielt ihren Platz auf dem linken Flügel der 8. Halbbrigade.

Zu dieser Zeit, um 9 Uhr Vormittags, war die Kolonne Kolowrat vollständig in den »Grofs-Haager Forst« hineinmarschiert**) und Lichtenstein, der inzwischen Befehl erhalten hatte, »sich dem kurpfalzbayerischen Korps anzuschliefsen« bei dem Strafsenwirtshaus »Strafsmeier« eingetroffen. Er hatte nur 2 Kavallerie-Regimenter (Brigade Wolfskehl: Kürassier-Regimenter Lothringen und Albert 12 Schwadronen) und eine Zwölfpfünder Batterie zu 8 Geschützen bei sich, da er, wie schon gesagt, ein Regiment (Ferdinand Husaren) an die Avantgarde abgegeben und ein Regiment (Hohenzollern Kürassiere) bei Haag zurücklassen mufste. Dieser Abgang wurde teilweise durch das bayerische Chevaulegers-Regiment ersetzt. Lichtenstein war »durch die Flüchtlinge der kurpfalzbayerischen Truppen von der Nähe des Feindes unterrichtet.«***) Woher diese Flüchtlinge kamen, wird nicht gesagt. Es können nur Leute jener Abteilungen gewesen sein, welche zur Verstärkung der Avantgarde vorgeschickt worden waren und wohl nur über die Nähe jenes Feindes Aufschlufs zu geben vermochten, welcher der Avantgarde gegenüberstand. Kaum hatte Richepance seinen Aufmarsch vollendet, als er durch das einzige bei der Hand befindliche Kavallerie-Regiment die österreichische Kavallerie an-

---

*) Rapport de la division Richepance etc.
**) „Déjà enfoncée ou plutôt engouffrée tout entière dans ce long défilé". Mémorial 5, 259.
***) Bericht des Fürsten Lichtenstein, dato Mühldorf, 6. Dezember 1800. K. k. K.-A. Fascikel 12 Nr. 108.

greifen ließ, welche in zwei Treffen nördlich der Straße aufmarschiert war.*) Jede Säumnis konnte Entdeckung seiner Schwäche herbeiführen und die Illusion der Überraschung vernichten. Das Chasseurs-Regiment, nur 4 Schwadronen (664 Mann) stark, entwickelte sich, überschritt die Straße, stürzte sich unter General Walther auf die österreichischen Kürassiere und jagte sie gegen Miesberg zurück, wo sie jedoch von dem bayerischen Chevaulegers-Regiment aufgenommen wurden. Dieses griff mit Ungestüm die Chasseure an, warf dieselben, durch die österreichischen Kürassiere unterstützt, auf die 8. Halbbrigade zurück, und eroberte 3 Geschütze, von denen jedoch nur eins wegen Mangels an Bespannung fortgebracht werden konnte.**) Das Feuer der 8. Halbbrigade hielt die Chevaulegers von weiteren Unternehmungen ab; sie gingen wieder zurück und schlossen sich an die Regimenter Lichtensteins an. Eine Kanonade setzte hierauf den Kampf fort.***)

Um 10 Uhr Vormittags traf die Kolonne Riesch bei Albaching ein†), ungeachtet sie schon um $4^{1}/_{2}$ Uhr von Haag aufgebrochen war. Sie hatte den fast ungangbaren Weg über Haslach, durch das Löffelmoor, über Steinweg u. s. w. einschlagen müssen, statt die nicht ferne alte Straße über Altdorf und Rechtmehrig benutzen zu dürfen. Der englische Armeeminister Wickham, welcher

---

*) Der Rapport der Division Richepance spricht hier irrtümlich von Nassau Kürassieren; diese befanden sich bei der Kolonne Baillet.

**) Die Geschichte des Militär-Max-Josephsordens, 582, 583, vindiziert die Wegnahme der Geschütze lediglich der Leib-Eskadron des 1. (nun 4.) Chevaulegers-Regiments, indem sie sagt: „In der Nähe von Maitenbeth erhielt die Leib-Eskadron unter Rittmeister Laroche den Befehl, eine französische Batterie, welche bedeutenden Schaden verursacht, zu nehmen. Die Eskadron nahm, wie befohlen, die ganze Batterie u. s. w." Immerhin hatte zur Eroberung der Geschütze der Oberlieutenant v. Nesselrode, der hierbei schwer verwundet wurde, ganz wesentlich beigetragen. — Auch die andere Eskadron von Kurfürst Chevaulegers unter Rittmeister Graf Seyssel d'Aix hatte sich im Laufe der Schlacht sehr hervorgethan, da sie „an diesem Tage, da allgemeine Ratlosigkeit und Unentschlossenheit eingerissen war, aus freiem Antrieb den Feind attackierte, in den Wald warf und dadurch die Hauptstraße frei machte." Leben des Generallieutenant Graf Seyssel. Allgemeine Militärzeitung, 1856, Nr. 93.

***) Das Mißlingen der Attacke der Jäger zu Pferde schreibt Richepance (Spectateur militaire, 22, 264) einer feindlichen Schwadron zu „qui s'était caché, sur notre droite, force notre cavalerie à lâcher prise et à se replier sur la droite de la 8ième qui arrête l'ennemi et le met en fuite."

†) Die in den Jahren 1877 und 1878 erschienenen Geschichten der k. k. Infanterie-Regimenter Nr. 12 und 20, welche als Manfredini und Kaunitz in der Kolonne Riesch die Schlacht bei Hohenlinden mitgemacht, sagen ausdrücklich, daß die Kolonne Riesch am 3. um 10 Uhr Vormittags bei Albaching eintraf.

sich damals im österreichischen Hauptquartier aufhielt, schreibt diese Verspätung dem Umstand zu, dafs sich Riesch verirrt gehabt und zu weit nach links abgekommen war. Er folgert hieraus, dafs es Richepance dadurch möglich geworden, nach Maitenbeth zu gelangen. Unter andern Verhältnissen hätte freilich Richepance ebensogut zum Niederlegen der Waffen gezwungen werden können. Aber dem kühnen Manne lächelte das Glück, und er verstand es zu seinem Vorteil auszubeuten. Sei ihm wie ihm wolle, — Riesch traf um 10 Uhr bei Albaching ein. Er liefs sofort den Wald bei Albaching von den Vortruppen Drouet's säubern und rückte in mehreren Kolonnen auf verschiedenen Wegen auf Christoph und Hohenlinden vor. Eine Kolonne, 4 Compagnien und 1 Schwadron, ging über Kalteneck, eine zweite unter Feldmarschall-Lieutenant Giulay, bestehend aus $2^2/_6$ Bataillonen und 2 Schwadronen, auf der alten Strafse, die von Birkach über Albaching und Rechtmehring nach Haag führte (Distriktsstrafse) und eine dritte, 1 Bataillon unter Major Rothkirch am rechten Mühlbachufer gegen Christoph vor. 2 Kolonnen, die eine zu 3 und die andere zu 2 Bataillonen, sollten auf Hohenlinden vorgehen; der Rest der Kolonne Riesch: 3 Bataillone und 18 Schwadronen verblieb unter Feldmarschall-Lieutenant Merveldt bei Albaching.*)

Die drei Kolonnen, welche auf Christoph instradiert worden waren, gerieten, nachdem sie die Vortruppen Drouet's zurückgedrängt hatten, mit der Brigade Drouet**) in ein lebhaftes Gefecht, in welchem Drouet bis zum Eintreffen der Division Decaen seine

---

*) Die 4. oder linke Flügelkolonne, bestehend aus der Division Riesch, zählt 12 Bataillone und 24 Eskadronen.

Über Kalteneck gingen	4 Compagnien u. 1 Schwadron,	
auf der alten Strafse	$2^2/_6$ Bataillone u. 2 Schwadronen	nach Christoph,
am rechten Ufer d. Mühlbachs	1 Bataillon	
auf der alten Strafse	3 Bataillone	nach Hohenlinden
auf der alten Strafse	2 „	
bei Albaching blieben	3 „	18 Schwadronen
Summa	12 Bataillone	21 Schwadronen;

fehlen 3 Schwadronen,

**) „Pendant que le général Richepance marchait avec sa première brigade sur Maitenbeth, une colonne autrichienne venant de Wasserbourg (soll wohl Haag heifsen) et qui se dirigeait sur Ebersberg, déboucha sur St. Christophe et engagea un combat avec ma brigade, ce qui arrêta mon mouvement." Le maréchal Drouet, comte d'Erlon, 16.

General Drouet verfügte über die 27. Halbbrigade, 1 Bataillon der 14. leichten Halbbrigade, 5. Husaren-, 20. Chasseurs- und 10. Kavallerie-Regiment, zusammen 4 Bataillone, 11 Schwadronen und 6 Geschütze.

Stellung behauptete. Die Avantgarde Decaen's, 1 Bataillon und 1 Schwadron, griff die Österreicher energisch in der Flanke an und warf sie zurück. Giulay liefs seine Reserven vorrücken, worauf die Franzosen zurückgingen. Den Österreichern waren mehrere hundert Gefangene in die Hände gefallen. Die allgemeine Angabe, dafs diese Gefangenen der Kolonne Richepance (1. Brigade Walther) auf ihrem Marsche auf Maitenbeth abgenommen worden seien, ist nicht zutreffend, da sie schon zwischen 9 und $9^{1}/_{2}$ Uhr Vormittags bei Maitenbeth aufmarschiert war, während Riesch erst nach 10 Uhr in Albaching seine Mafsregeln zum Marsche auf Christoph und Hohenlinden traf. Inzwischen war auch Decaen, der den General Debilly mit 3 Bataillonen und 4 Schwadronen bei Steinhöring zurückgelassen, mit dem Gros seiner Division bei Christoph eingetroffen.*)

General Decaen liefs sofort Abteilungen auf seiner Linken mit dem Auftrag in den Wald eindringen, gegen die Strafse Haag-Hohenlinden vorzugehen, worauf die Österreicher auf Albaching zurückgingen und Drouet, der hierdurch frei gemacht war, seinen Marsch antrat, um sich bei Maitenbeth mit Richepance zu vereinigen.

Von dem Erscheinen Richepance's im Rücken der Kolonne Kolowrat erhielt die Heerleitung nach 10 Uhr Vormittags durch das bayerische Chevaulegers-Regiment die Meldung,**) »dafs am Eingang des Defilees sich feindliche Truppen formiert; der Angriff eines Chasseur-Regiments sei zwar von den diesseitigen Chevaulegers zurückgewiesen, diese seien aber im Verfolgen auf Infanterie gestofsen — und durch deren Feuer genötigt worden, hiervon ab-

---

*) Nach der „Ordre de bataille" (Mémorial V, 427) bestand die Division Decaen aus der 4. und 100. Halbbrigade, der 14. leichten Halbbrigade, dem 17. Dragoner-, dem 6. und 10. Husaren-Regiment u. s. w., zusammen 9 Bataillone, 12 Schwadronen und 12 Geschütz ezusammen 9420 Mann. Bei Hohenlinden bildete ferner die polnische Legion unter General Kinacewicz, 3 Bataillone und 4 Schwadronen u. s. w., einen Bestandteil der Division Decaen; bisher gehörte die Legion zur Division Delaborde vom Corps Sainte-Suzanne. (Mémorial V, 429). Hiervon waren abkommandiert das 1. Bataillon der 14. leichten Halbbrigade bei der Division Richepance (2. Brigade Drouet) und die 100. Halbbrigade und das 27. Dragoner-Regiment unter General Debilly bei Steinhöring.

**) Eine private Mitteilung sagt: „Gegen 10 Uhr in der Früh meldete die gegen die linke Waldseite hingeschickte Kavallerie-Abteilung, dafs sie auf feindliche Jäger zu Fufs und zu Pferd gestofsen und diese über den Wald hinaus zurückgedrückt habe."

zustehen; die sämmtliche Kavallerie dieser Kolonne (unter Feldmarschall-Lieutenant Fürst Lichtenstein) habe an der Chaussee rechts ab — und etwas rückwärts Position genommen.«*)

Hierauf wurde augenblicklich das Bataillon Preysing beordert, »in den links gelegenen Wald einzudringen und denselben zu säubern.« Das Detachement, welches unter Oberst Graf Reufs anfänglich nach Christoph bestimmt gewesen und aus den Bataillonen Schlofsberg und Stengel bestand, mufste links vom Bataillon Preysing vorgehen, den Wald weiter links durchstreifen und Erkundigungen vom General Riesch einziehen. Das Bataillon Stengel war bestimmt, den linken Flügel des Bataillons Preysing zu schützen, während das Bataillon Schlofsberg den genannten beiden Bataillonen als Rückhalt diente.**) Die Bataillonsgeschütze blieben auf der Strafse zurück. Ferner erhielten 4 Geschütze der reitenden

---

*) Die Schlacht bei Hohenlinden u. s. w, 16.
**) 1. „Die linke Seite seines kleinen Heerhaufens zu schützen, schickte General Zweibrücken, das Bataillon Preysing in den Wald." Völderndorff, 1, 172.
2. „Ein Bataillon wurde schleunigst gegen Maitenbeth geschickt" Österr. militärische Zeitschrift, 1836, 4, 31. Von einer weiteren Detachierung in die linke Flanke weifs diese Zeitschrift nichts.
3. „Zu spät wurde das Bataillon Preysing gegen St. Christoph zur Verbindung und Deckung der linken Flanke in den Wald hineinbeordert." Geschichte des 3. Infanterie-Regiments (Manuskript).
4. „Hierauf wurde augenblicklich das Bataillon Preysing gegen St. Christoph abgeordnet." Private Mitteilung.
5. „Erzherzog Johann ordnete 2 Bataillone Bayern unter deren Obersten Graf Reufs zu einer Seitenbewegung gegen St. Christoph." Völderndorff, 1, 172.
6) Oberst Reufs vollführte mit dem Bataillon Schlofsberg und mit Abteilungen der Bataillone Stengel und Dallwigk eine Seitenbewegung links in den Wald." Geschichte des 3. Infanterie-Regiments (Manuskript).
7. „Bataillon Stengel, 2 Compagnien, und Bataillon Schlofsberg: detachiert auf dem linken Flügel, kommandiert vom Grafen Reufs." Notiz auf dem k. k. Kriegsarchiv in Wien.
8. „Das letzte Bataillon der Kolonne mufste hierauf sogleich Front machen, um in den, der Kolonne links gelegenen Wald einzudringen und diesen zu säubern, von jener auf St. Christoph bestimmten beweglichen Kolonne erhielten 4 Compagnien den Befehl, sich auf den linken Flügel dieses Bataillons en potence zu setzen, und so mit diesem gemeinschaftlich den Angriff zu machen, währenddem

Batterie Befehl »auf der Stelle umzukehren und die Möglichkeit zu versuchen, zur Kavallerie zurückzukommen, sich dann gegen den Eingang des Defilee zu plazieren und so die Infanterie-Attacke kräftig zu unterstützen.«*) Zu gleicher Zeit ging General Wrede mit den Bataillonen Buseck und Pompei auf der Strafse gegen Maitenbeth zurück, um dem im Rücken erschienenen Feinde die Spitze zu bieten.**) Trotz der vorstehenden, gewifs unzweideutigen Meldung war die oberste Heerleitung der Meinung, dafs jene Erscheinung im Rücken der Kolonne nichts anderes sein könne, als ein Schwarm durch Riesch versprengter Franzosen, der einen Ausweg hier suche. Um sich davon zu überzeugen, ritt Oberst Weyrother

---

die übrigen 4 Compagnien zur Unterstützung der andern bestimmt wurden." Die Schlacht bei Hohenlinden u. s. w. 16.
*) Die Schlacht bei Hohenlinden u. s. w., 17.
**) 1) „Um sein Geschütz zu retten", schickte Generallieutenant Zweibrücken „den General Wrede mit 2 Bataillonen ab." Völderndorff, 1, 172.
2) „Noch das letzte pfalzbayerische Bataillon wurde mit dem General Wrede gegen Maitenbeth geschickt." Österr. milit. Zeitschrift, 1836, 4, 31, 32.
3) „General Wrede marschirte mit den Bataillonen Buseck und Pompei auf der Strafse zurück, um den Rücken und die aus 6 Kanonen und 2 Haubitzen bestehende leichte (reitende) Batterie — aufgefahren auf der Strafse — zu decken." Geschichte des 3. Infanterie-Regiments. (Manuskript.)
4) „Zu gleicher Zeit (mit Bataillon Preysing u. Oberst Reufs) ging General Wrede mit den Bataillonen Buseck und Pompei, der Batterie reitender Artillerie und einigen Eskadronen auf der Strafse gegen Maitenbeth zurück, um dem immer stärker andringenden Feinde die Spitze zu bieten." Private Mitteilung.
5) „Als die Bewegung des Generals Richepance wahrgenommen wurde, gingen die noch übrigen k. k. Grenadier-Bataillone als auch die aufgeschlossenen 4 kurpfalzbayerischen Bataillone unter Anführung des Generals Wrede dem Feinde entgegen." Journal pro Dezember 1800. Kurpfalzbayerisches Subsidien-Corps betr. K. k. Kriegsarchiv in Wien. Fasc. 12 St. 551.
6) „Erst spät, und nur auf die wiederholten Meldungen, dafs jene zuerst links in den Wald geschickten Truppen ganz umwickelt und aufser Stand seien, länger zu halten, wurde erlaubt, den Rest der 2. Infanterie-Brigade (Wrede) zurück zu holen, um wo möglich das Gefecht wieder herzustellen." Die Schlacht bei Hohenlinden u. s. w., 18.
Die beiden letzten Berichte stammen aus ein und derselben Quelle, dem Stabsquartier des Generallieutenants Zweibrücken; sie zeigen deutlichst, was Mangel an Klarheit und an richtiger Beurteilung der Situation zu Stande bringen kann.

auf den gefährdeten Punkt; es wurde ihm das Pferd getötet und er kampfunfähig gemacht.*) Unterdessen hatte Richepance den kühnen und zur Entscheidung führenden Entschlufs gefafst, sich in den Rücken der Kolonne Kolowrat zu werfen.**) Während General Walther mit dem Chasseurs-Regiment, der 8. Halbbrigade und einigen Geschützen der österreichisch-bayerischen Kavallerie gegenüber stehen blieb, mufste die 48. Halbbrigade geschlossene Kolonne formieren, auf die Strafse vorrücken, dort eine Viertelsschwenkung links ausführen und nebst einigen Geschützen gegen den »Grofs-Haagerforst« vorgehen.***) Das Bataillon, welches sich an der Tête befand, war bis auf 200 Schritte an den Waldsaum herangekommen, als dasfelbe durch die Geschütze der reitenden Batterie,†) welche auf und südlich der Strafse aufgefahren waren, sowie durch ihre Bedeckung — 1 Compagnie vom Bataillon Dallwigk, — welche rechts von diesen stand, mit Feuer empfangen wurde.††) Das Têten-Bataillon, an seiner Spitze die Grenadier-Compagnie, schlofs sofort die Kolonne und ging auf und südlich der Strafse zur Attacke über, eroberte die Geschütze†††) und verjagte die schwache Bedeckung, welche sich auf die Bataillone zurückzog, die Wrede heranzuführen beabsichtigte. Die Franzosen, der Bedeckung in hellen Haufen folgend, liefsen

---

*) Österr. milit. Zeitschrift, 1836, 4, 34.

„Dès ce moment nous étions pris en flanc et à dos par l'ennemi, tandis que les généraux commandant l'armée autrichienne en étaient si peu informés, que l'on prit le feu qui se faisait entendre de plus en plus vivement sur ce côté, pour celui de quelque colonne ennemie dispersée par les troupes du général." La bataille de Hohenlinden u. s. w. Bayer. Geh. Staatsarchiv.

**) „— — de me jetter sur les derrières des Autrichiens en marchant sur Hohenlinden." Spectateur militaire, 22, 264.

***) „Il se porta (Richpance) sur les derrières de l'armée autrichienne avec un régiment (48. Halbbrigade) de sa première brigade, pendant que l'autre (8. Halbbrigade) maintenait la reserve de cavalerie autrichienne." Le maréchal Drouet, comte d'Erlon, 16.

†) Nach Dessolles Bericht: 3 Kanonen.

††) „— — on lui tire trois coups de canon à mitraille, et il reçoit le feu d'un bataillon ennemi qui arrivait au bruit du combat." Spectatenr militaire, 22, 265.

†††) Der Raum gestattete kaum 4 Piecen in Aktion zu bringen; der Zug des Unterlieutenants Caspers mufste noch einige hundert Schritte vorrücken, und begann hierauf sogleich mit Kugeln und als das Feuer noch mehr herandrängte, mit Kartätschen zu feuern. Nach einer ³/₄ stündigen Kanonade drangen die französischen Tirailleurs in die Batterie u. s. w. Nekrolog des k. b. Generalmajors v. Caspers. Archiv für Offiziere aller Waffen, 1. Jahrgang 1. Bd. 78, 79.

diese Bataillone, welche durch das Encombrement der Strafse ohnehin auseinandergekommen waren, nicht zum Aufmarsch gelangen, sondern warfen sie, nach einigem Widerstand, in voller Auflösung zurück. Wrede zog sich mit den wenigen Leuten, die ihm noch geblieben, und der Partikularbedeckung der Artillerie, die sich ihm angeschlossen hatte, langsam in der Richtung auf Dorfen zurück, wodurch er vielen Flüchtigen, Österreicher und Bayern, Gelegenheit gab, sich seiner kleinen Kolonne anzuschliefsen. Er hatte im Gewühl des Kampfes einen Franzosen, der auf ihn angeschlagen, niedergestochen.*) Bei der Bagage waren die Fuhrknechte, mit Hinterlassung von Wagen und Pferden, schon längst ausgerissen.

Dasselbe Mifsgeschick hatten die in die linke Flanke detachierten Bataillone Preysing und Schlofsberg, indefs das Bataillon Stengel, ohne auf den Feind zu stofsen und ohne einen Schufs abzugeben, sich zu salvieren verstand. Die erstgenannten Bataillone stiefsen auf Truppen des Generals Decaen, welche dieser, wie schon gesagt, um dem General Drouet Luft zu machen, gegen die Strafse Haag-Hohenlinden vorgeschickt hatte. Die genannten Bataillone wurden nach geringem Widerstand gegen die Strafse zurückgeworfen. Das Bataillon Stengel, welches am weitesten in südlicher

---

*) Die Franzosen sagen allgemein, dafs die Truppen, welche dem General Richepance bei seinem Eindringen in den „Grofs Haager Forst" entgegengetreten, ungarische Grenadiere gewesen seien. Dem ist jedoch nicht so. Es waren Bayern, die sich dem Andrange entgegenstemmten und zwar, wie gesagt, einige Geschütze der reitenden Batterie, 1 Compagnie vom Bataillon Dallwigk und 2 Bataillone, welche General Wrede herangeführt. Die äufsere Ähnlichkeit mag die Franzosen zu diesem Irrtum verleitet haben. Nun wollen wir aber noch beweisen, dafs das Auftreten von ungarischen Grenadieren an den bezeichneten Punkten geradezu unmöglich war. Bei der Kolonne Kolowrat befanden sich bekanntermafsen 8 Grenadier-Bataillone, welche an der Spitze des Gros in der Nähe des Kreuzwegs standen. Von diesen wurden 4 Bataillone allmählich zur Verstärkung der Avantgarde verwendet, 2 Bataillone wurden in die linke Flanke auf Christoph detachiert und die letzten beiden Bataillone bildeten eine Art von Reserve in der Nähe des Kreuzwegs, wo sie, wie wir noch hören werden, förmlich erdrückt wurden. Eine Reserve, die auf entsprechende Entfernung hinter der Front gehalten hätte, um nach Bedarf verwendet zu werden, war nicht vorhanden. Wir sind daher vollständig berechtigt, diesen Widerstand, wenn er auch schliefslich nichts nutzte, auf bayerische Rechnung zu schreiben. Als Anerkennung hierfür schrieb Kolowrat in seinem Bericht über die Schlacht (k. k. Kriegsarchiv, Fascikel 12 Stück 100): „— — ich hatte nurmehr 2 Grenadier-Bataillone in Reserve, ich fand mich in der gröfsten Verlegenheit, während der Feind die Queue der pfalzbayerischen Truppen an der Chaussee von Haag im Rücken angriff und selbe in die Flucht jagte."

Richtung vorgegangen war, stiefs, was kaum glaubhaft erscheint, auf keinen Feind und eigenmächtig auf eine Verbindung mit den andern Bataillonen verzichtend, setzte es seinen Marsch über Albaching, Ramsau, hier die Strafse betretend, über Ampfing bis Mühldorf fort, wo es gegen Mitternacht ganz erschöpft eintraf.*)

Während dieses an der Queue und in der linken Flanke vorfiel, war auch die Avantgarde »total geschlagen« worden. Moreau hatte, als er von der Wirkung Nachricht erhalten, welche das Erscheinen des Generals Richepance im Rücken der Kolonne Kolowrat hervorgerufen, einen kombinierten Angriff mit weit überlegenen Kräften — Divisionen Ney und Grouchy — auf die Avantgarde der Mittelkolonne ausführen lassen. Gleichzeitig in der linken Flanke und Front angegriffen, wurde die Avantgarde, nachdem sie noch kurz vorher die Franzosen auf ihre ursprünglichen Stellungen zurückgeworfen hatte, zum Rückzug genötigt, der schliefslich in wilde Flucht ausartete. Die Generale Deroy und Spannochi u. s. w. waren gefangen worden. Die beiden bayerischen Scharfschützen-Compagnien verloren viele Leute, da sie »geschlossen« verwendet worden waren. »Seitdem wir uns Abends beim Einrücken im Lager bei Haag zum letztenmale gesehen« — schrieb General Deroy am 30. Januar 1801 an Wrede, — »und wo es wegen dem gewählten Lagerplatz grofse Debatten gegeben, haben sich wunderliche Dinge ereignet, worüber eine Unterredung wohl nicht uninteressant sein möchte.«

Von der Kolonne Kolowrat waren um diese Zeit nur noch 2 Grenadier-Bataillone intakt, die als eine Art Reserve in der Nähe des öfter erwähnten Kreuzweges standen. Auf diese warf sich nun der ganze Schwall der siegestrunkenen Sansculotten. In kurzem war ihr Widerstand gebrochen. Auf ihren Leichen feierten Ney und Richepance ihre Vereinigung. In der Höhe des Artillerieparks hatte sich die 2. Brigade Drouet mit Richepance vereinigt.**) Mit diesem letzten Widerstand war die Kolonne Kolowrat als vernichtet zu betrachten, was beiläufig um die Mittagsstunde der Fall war.

Nachdem sich Ney und Richepance vereinigt hatten, eilte letzterer zu dem General Walther zurück. Ney und Grouchy

---

*) Xylander, v., Tagebuch.
**) Pendant que ces événements se passaient, ma brigade, qui était en marche sur Maitenbeth, débouche également sur la grande route, à la hauteur du grand parc d'artillerie de l'armée autrichienne, qui fut mis dans le plus complet désordre Le maréchal Drouet, comte d'Erlon, 16, 17.

folgten ihm. General Walther, der durch den Leib geschossen worden war, wurde ihm entgegengetragen.*) Richepance, einige Augenblicke bei ihm verweilend, besetzte hierauf den Saum des Waldes, dessen er sich bemeistert hatte. Nach 3 Uhr Nachmittags wurde Lichtenstein mit überlegenen Kräften angegriffen und auf Haag und Ramsau zurückgedrückt. Seine Kavallerie, sowie das bayerische Chevaulegers-Regiment, wurden von der Auflösung nicht berührt, welche bei der Kolonne Kolowrat in so trauriger Weise eingerissen war.**) Man erzählt, dafs sich dem bayerischen Chevaulegers-Regiment bei der allgemeinen Flucht der Kolonne Kolowrat Gelegenheit geboten habe, den Erzherzog Johann aus der Gefangenschaft zu befreien. Unmittelbar nach der Schlacht, während Oberst v. Dorth mit seinem Regiment abgesessen war und neben der Strafse stand, ritt auch der Erzherzog vorbei und sagte, obwohl er schon sehr gut wufste, dafs er Dorth seine Befreiung aus der Gefangenschaft verdanke, in einer Weise, dafs es Dorth hören mufste, »er möchte gerne wissen, welcher brave Oberst ihn heute herausgehauen hätte.« Hierauf trat Dorth vor, salutierte und sagte: »Kaiserliche Hoheit, ich möchte gerne wissen, welcher Esel Sie heute hineingeritten hat.«***)

---

*) General Walther wurde nach München transportiert, wo er langsam der Genesung entgegenging. Auch der Divisions-General Bastoul vom Corps Grenier wurde schwer verwundet nach München transportiert, wo er am 15. Januar 1801 starb. Er liegt auf dem südlichen Kirchhofe begraben. Sein Grab ist durch eine steinerne Pyramide, welche auf einem steinernen Sockel und 4 Kanonenkugeln ruht, kenntlich gemacht. Die Gedächtnistafel enthält folgende Inschrift: „Armée du rhin, commandée par le général Moreau. A la mémoire du général Bastoul, blessé à la bataille de Hohenlinden le 12 frimaire, mort à Munich le 20 nivose l'an 9 de la république française."

**) Dem Chevaulegers-Regiment wurde für sein gutes Verhalten in der Schlacht folgendes Lob zu teil: „. . . . Sehr angenehm ist mir die Vollziehung des erhaltenen höchsten Befehls S. K. D. unseres gnädigsten Herrn, dem Regiment Chevaulegers, dem Commandeur desfelben, sowie jedem Offizier vorzüglich, dann auch allen Unteroffizieren und Gemeinen die gröfste und innigste Zufriedenheit S. K. D. über die in der Bataille bei Hohenlinden am 3. dies bewiesenen Contenance und den Mut zu bezeigen, durch welchen dieses Regiment sich an jenem Tage so sehr ausgezeichnet und füge ich diesen gnädigsten Äufserungen meinen eigenen lebhaften Dank und die Versicherung der gröfsten Achtung bei, die ich für jedes tapfere Betragen überhaupt und für das was das Chevaulegers-Regiment in jener Schlacht gethan, besonders empfinde."
Ottensheim, 19. Dezember 1800.
gez.: Zweibrücken, Generallieutenant.
***) Schrettinger, der k. b. Militär-Max-Josephorden, 183. Weiter wird ebendaselbst erzählt, dafs vor der Schlacht ein Kriegsrat stattgefunden habe, dem

Immer noch kämpften die Flügelkolonnen, als an sie der Befehl zum Rückzug erging. Riesch marschierte von Albaching, wo er seine Division gesammelt, nach Ramsau. Die Kolonne Baillet, welche während der ganzen Schlacht eine merkwürdige Unthätigkeit entwickelt, indem sie, einige »unfruchtbare« Entsendungen gegen Loipsing, Hohenlinden und Kronacker abgerechnet, unbeweglich auf der Höhe von Mittbach stehen blieb, zog sich über Burgrain und Isen gegen Dorfen zurück. Die Kolonne Kienmayer zog sich nach einigen ruhmvollen Gefechten gleichfalls auf Dorfen zurück.

Die Trümmer der bayerischen Division machten zuerst in Ramsau, dann in Mühldorf halt; am 4. zählte die Division kaum 1500 Mann. In Mühldorf fand sich jedoch schon ein Teil der Versprengten, Leichtverwundeten ein. Immerhin waren aber noch mehrere Tage erforderlich bis die Bataillone in der Hauptsache als wiedergesammelt betrachtet werden konnten.

Über den Zustand der bayerischen Division giebt uns ihr Commandeur den besten Aufschlufs, wenn er sagt:*) „Nach diesen nun eben gehorsamst gemeldeten Umständen, und nach der augenblicklichen Lage, in der mein Corps sich befindet, sehe ich mich in die traurige Nothwendigkeit gesetzt etc., etc. vorstellen zu müssen, wie durchaus nöthig es ist, dafs zur Reorganisirung desselben mir ein, ganz aufser der Operationslinie liegender Ort rückwärts der Armee angewiesen werden möge, wo ich mein Corps sammeln und solches zum ferneren Dienste wieder herstellen könnte, wobei ich noch etc. die dringendsten Vorstellungen darüber machen mufs, wie ebenso nöthig es ist, soll anders das Corps von seiner gänzlichen Auflösung gerettet werden, dafs die Besatzungen, welche noch in Mühldorf, Krayburg und Wasserburg von meinem Corps stehen, dafs solche nebst ihrem Geschütz aus diesem Orte gezogen, und als das einzige, was nur von formirter Infanterie jetzt noch übrig ist, und in dem ich die Mittel finden kann, den andern aufgelösten Theil ebenfalls wieder zu formiren, zu dem Corps an dem demselben zu bestimmenden Platz alsobald stofsen dürfte. Ebenfalls frage ich gehorsamst an, wohin mein Spital nunmehr transportirt werden soll, nachdem durch hohen Armeebefehl vom 24. November angewiesen worden, solches zu Anfang der Feindseligkeiten nach Burghausen zu transportiren, von wo denn es weiter instradirt und angewiesen werden sollte." Der Erzherzog gab noch unterm 4. Dezember hierauf folgenden Bescheid: „Der gestern erlittene

---

auch Oberst Dorth beigewohnt. Sämtliche österreichischen Generale waren für den in Vorlage gebrachten Plan, während ihn Dorth mifsbilligte und als schlecht bezeichnete. Als nun hierbei einer der österr. Generale die Bemerkung machte: „Der Oberst Dorth sei nie ihrer Ansicht und wisse immer alles besser," erwiderte Dorth, „sie sollen machen, was sie wollen, er mit seinen Chevaulegers werde schon durchkommen, wie sie aber herauskommen würden, sei eine Frage."

*) Originalbericht an den Erzherzog Johann, Mühldorf 4. Dezember 1800. K. k. Kriegsarchiv, Fascikel 12 Stück ad 63.

Verlust machen es daher nöthig, dafs ich meine Offensive aufgebe und mich hinter den Inn um so mehr auf eine Defensive setze, als auch die bei der Armee gewesenen 6000 Mann bayerische Subsidien-Truppen von solchen abgehen, und, ohne künftig mitoperiren zu wollen, sich im Salzburgischen aufstellen werden."*) Später fafste Zweibrücken die Sache etwas ruhiger auf und schrieb:**) „Ohzwar sich fand, dafs der Verlust an Maunschaft bei weitem nicht so stark war, als man anfänglich solchen berechnet hatte, so war aber doch ein grofser Theil ohne Gewehre und Tornister zurückgekehrt, die überdiefs die Truppen wegen den in diesen Tagen gehabten Fatiken, wozu wegen der wirklich ganz abgenutzten Kleidung bei einigen Bataillonen, die ohne Überröcke und ohne neue Montur sind, die Witterung vieles beitrug, ganz entkräftet erschienen, so bewog dieses den kommandirenden Generallieutenant etc. eine dringende Vorstellung zu machen, sich mit seinem Corps rückwärts der Armee aufstellen zu dürfen, um solches wieder dienstbar machen zu können; der en chef Kommandirende bestimmte dazu die Gegend von Neumarkt im Salzburgischen, nur mufste die in schon vorhin angeführten Verschanzungen befindlichen 5 (3½) Bataillone solange da verbleiben bis zu deren Ablösung durch k. k. Bataillone das weitere verfügt werden konnte." Ferner hatte Zweibrücken gemeldet: „Nachdem am 3. die meisten Kesselpferde, welche den Truppen folgten, sammt den Kesseln verloren gegangen, ein anhaltendes Lagern, nicht mehr möglich."

Erzherzog Johann, welcher die Nacht des 3. in Haun zugebracht hatte, entbot alle Truppenteile auf den 4. nach Mühldorf. General Mecsery, der Erding und Nandlstadt überfallen, marschierte nach Eggenfelden und Klenau, dessen Vortruppen bis Geifsenfeld gestreift waren, ging bei Regensburg wieder an das linke Donauufer. Die Franzosen standen am 4. bei Albaching, Thal, Mitbach und Loipsing. Moreau hatte seinen Sieg nicht auszunutzen verstanden, was für das österreichische Heer ein grofses Glück war.

Die Österreicher hatten einen Verlust von 11,860 Mann an Toten, Verwundeten und Gefangenen; an Geschütz verloren sie 50 Kanonen, ferner 85 Munitionswagen. Die Franzosen geben ihren Verlust zu 2500 Mann an. Die bayerische Division verlor an Toten: 3 Offiziere, Hauptmann Graf Morawitzky und Oberlieutenant v. Schwachheim vom 2. und Oberlieutenant Steffens vom 3. Infanterie-Regiment, 21 Mann und 22 Pferde; an Verwundeten 7 Offiziere, darunter Oberlieutenant Auer vom 6. Infanterie-Regiment, welcher am 8. Dezember in München seinen Wunden erlag, 83 Mann und 30 Pferde; an Vermifsten und Gefangenen 38 Offiziere, darunter Generalmajor v. Deroy, Oberstlieutenant Metzen, 9 Hauptleute,

---

*) K. k. Kriegsarchiv. Fasc. 12 St. 64. Erzherzog Johann an den General Bellegarde, Mühldorf 4. Dezember 1800.

**) Journal pro Dezember 1800. Kurpfalzbayerisches Subsidien-Corps betreffend. Fasicikel 12 Stück 551.

27 Lieutenants und 1716 Mann.*) Die gefangenen Ozffiiere durften gegen Ehrenwort in München verbleiben.**) Aufser Geld, Uhren und Pferden wurde den Gefangenen nichts abgenommen — sagt naiv ein Berichterstatter. Generallieutenant v. Zweibrücken, welcher im Gedränge mit seinem Pferde gestürzt war, wurde durch den

*) Etat

Regiment Bat. et Corps.	vor dem 3. December war das Corps stark.						hievon in der Bataille vom 3ten verloren.						ferner verloren.
	Officiers	Unterofficiers	Gefreite	Chir.	Spielleute	Gemeine	Pferde.	Officiers	Unterofficiers	Gefreite	Chir.	Spielleute	Gemeine	Pferde.	
Kavallerie	50	74	70	6	12	749	888	1	1	2	.	.	14	69	5 Haubitzen.
Fufs-Jäger- Divis. Kesling	7	22	24	„	6	237	.	3	12	19	.	1	150	.	13 Kanonen.
Grd. Reuss	16	40	48	4	8	489	.	10	8	16	.	1	168	.	4 Wurst.-
F.-J. Metzen	20	44	47	5	12	485	.	7	2	14	.	4	172	.	32 Munit.-
Inf. Minucci	20	41	46	4	7	499	.	9	7	9	.	2	180	.	1 Comp.-
„ Stengel	16	43	48	4	14	594	.	.	5	.	1	2	68	.	198 Fuhr-
„ Sprety	15	39	46	4	9	479	.	.	.	.	.	.	.	.	u. Artillerie-
„ Schlofsberg	17	43	48	4	14	635	.	6	6	12	.	.	148	.	Pferde.
Grd. Pompei	16	40	48	4	8	588	.	.	3	12	1	4	168	.	13 Packpferde.
F.-J. Preysing	16	43	43	4	13	486	.	2	4	5	.	4	163	.	
Inf. Buseck	16	44	47	3	12	612	.	7	13	10	1	.	152	.	
„ Dallwigk	16	43	47	2	12	592	.	1	1	2	.	.	27	.	
„ Zoller	16	43	39	4	11	507	.	.	1	.	.	1	26	.	
„ Lamotte	15	42	42	3	10	570	.	.	.	.	.	.	14	.	
Sa.	256	601	643	51	148	7522	.	46	73	103	3	19	1450	.	
Summa			9221							1694					

K. k. Kriegsarchiv Fasc. 12 St. 553.

Hier ist der Abgang bei der Infanterie-Artillerie und der reitenden Batterie nicht aufgenommen; wir haben ihn eingerechnet.

Die 38 gefangenen Offiziere verteilen sich wie folgt: Generalstab 2, Bataillon Reufs 6, Metzen 6, Minucci 6, Schlofsberg 5, Preysing 1, Buseck 7, Dallwigk 1, Fufsjäger 3, reitende Artillerie 1.

**) Das Tagebuch des bayerischen Platzmajors Magg in München sagt beim 7. Dezember: „Die bereits durchgelieferte und noch vorhandenen bayerischen Soldaten vom Feldwebel abwärts betragen bis heute 1882 Köpfe. Selbe, wie sämmtliche kurbayerische Offiziere, erhielten vom General Moreau die Erlaubnifs, auf ihr Ehrenwort nicht gegen die Republik zu dienen bis sie ausgewechselt, hier (München) zu verbleiben. Die k. k. Offiziere hingegen werden alle fortgeliefert." Beim 20. Februar ist notiert: „Der französische Stadtkommandant gab gestern Nachricht, dafs jene kurbayerischen Offiziere, so bei Ankunft der Franzosen aus verschiedenen Ursachen in Bayern und Schwaben zurückgeblieben, gegen die schriftliche Verbindlichkeit, nicht gegen die Republik oder ihre Alliirte zu dienen, bis zur Auswechslung zu ihren Regimentern abgehen können. Heute wird man wegen dieser Ausstellung das nöthige verfügen." Am 23. Februar erhielten die gefangenen Offiziere die Erlaubnis zu ihren Regimentern zurückzukehren.

(Herzogliches Hausarchiv.)

Bombardier Adam Dirschl der reitenden Batterie vor der Gefangenschaft bewahrt. An Geschützen gingen 7 Haubitzen und 19 sechspfünder Kanonen, zusammen 26 Stücke verloren (Bataillonsgeschütze 18 und reitende Artillerie 8 Geschütze), ferner 4 Wurst-, 32 Munitions- und 1 Compagnie-Wagen, 198 Fuhr- und Artillerie-, nebst 13 Packpferde. Der Division verblieben noch die 6 Geschütze (1 Haubitze und 5 sechspfünder Kanonen) der in den Brückenköpfen von Mühldorf, Krayburg und Wasserburg abkommandierten Bataillone Spreti, Zoller und Lamotte.

»Das Subsidien-Corps ist als aufgelöst anzusehen bis auf ein Paar Reserve-Bataillone und die Kavallerie, die in der Bataille nicht litten. Alle Artillerie, Munition, Bagage ist auf dem Schlachtfeld und in den Wäldern wie bei einer Zerstörung zerstreut; glücklich ist noch für das so unglückliche Vaterland, dafs wenigstens das Leben der meisten dieser seiner Söhne gerettet ist und die sich alle sehr zufrieden äufserten, sowie sie auch von der französischen Armee gut behandelt wurden, wie überhaupt diese für Bayern mehr Anteil und Vorliebe blicken läfst.«*)

»Der Anblick des Schlachtfeldes von Hohenlinden« — sagt ein Augenzeuge**) — »bis beinahe hierher (Haag), wo am 3. dies die schrecklichste Niederlage war, ist wirklich noch für jedermann entsetzlich. An beiden Seiten der durch den Forst führenden Chaussee und besonders auch in dem Holze sieht man noch allenthalben tote Soldaten und Pferde und die Merkmale der erstaunlichsten Blutströme. Die Luft ist, ungeachtet der jetzigen Kälte, durch den ganzen Forst inficiert und faul, und ich werde soviel an mir ist, trachten, dafs für die baldige Beerdigung der toten Körper gesorgt werde. Das härteste Hindernis ist der Mangel an Leuten und an Pferden, mit denen sich erstere grofsenteils von ihren Häusern geflüchtet.«

Der Sieg bei Hohenlinden war die letzte Waffenthat der französischen Republik. Moreau schlofs seinen Bericht mit den Worten: „L'armée est fière de son succés, surtout par l'espoir qu'il contribuera à accélerer la paix." Die Kunde von dem Siege wurde in Calais, Boulogne und Brest mit Salutschüssen gefeiert, um die Engländer zu ärgern. Während Napoleon im Rücken Moreau's seine That verkleinerte, und in Privatgesprächen und Memoiren heruntersetzte, sagte er im gesetzgebenden Körper über den Sieg von Hohenlinden: „Dieser

---

*) Hazzi, Kommissar im französischen Hauptquartier an den Kurfürsten, Haag den 6. Dezember 1800. K. A. B. Einfall der Franzosen 1800, 1801. Kriegsereignisse u. s. w.

**) Landkommissar Ritter an den Kurfürsten, Haag den 9. Dezember 1800. K. A. B. Einfall der Franzosen 1800, 1801. Kriegsereignisse u. s. w.

Sieg wiederhallt durch ganz Europa; die Geschichte wird ihn zu den schönsten Tagen zählen, welche die französische Tapferkeit bekunden."*) An Moreau schrieb er über dieselben Bewegungen, die ihm so ungeschickt erschienen: „Ich sage Ihnen nicht, mit welcher Aufmerksamkeit ich Ihren schönen und geschickten Manövers gefolgt bin; Sie haben sich in diesem Feldzug selbst übertroffen."**) Wäre die Kolonne Kolowrat einige Stunden später als die andern Kolonnen angetreten, was immerhin geschehen mufste, so stiefs Richepance bei Maitenbeth auf ihre Spitze statt auf ihre Queue und er wäre sicherlich in ein für ihn sehr mifsliches Gefecht verwickelt worden. „In fünfzehn Kriegsjahren", sagt Erzherzog Karl, „sind eilf Hauptschlachten (darunter die von Hohenlinden) blofs darum verloren worden, weil der Erfolg auf kombinierte Bewegungen und auf den gleichzeitigen Angriff getrennter Kolonnen berechnet war."***)

Noch am 3. Dezember Abends 9½ Uhr traf ein Adjutant Moreau's in München ein, welcher der versammelten Kriegsdeputation mitteilte: „Der Obergeneral lasse der Kriegsdeputation vernachrichtigen, dafs er heute die Österreicher und ihre Alliirten, die Bayern, bei Hohenlinden gänzlich geschlagen und überwunden habe. Übrigens lade er ein, sofort 75 Wagen nach Hohenlinden abzuschicken, um Verwundete hierher zu bringen, ein drittes Feldspital zu errichten, und eine Lokalität zur Verwahrung von zwei- bis dreitausend Kriegsgefangenen auszumitteln." München schickte 80 Wagen und das dritte Feldspital, welches schon zu errichten begonnen worden, wurde vollendet. Dies genügte aber nicht. Es kamen soviele Verwundete an, dafs ein viertes Feldspital eingerichtet werden mufste Am 4. Dezember trafen 2000 Kriegsgefangene aller Chargen in München ein, welche in Klöster untergebracht wurden; sie blieben daselbst 3 Tage und wurden am vierten Tag in zwei Abteilungen über Augsburg und Donauwörth unter Bedeckung weiter transportiert †)

Graf Montgelas hielt nunmehr den Zeitpunkt gekommen, um die Vereinigung der Subsidien-Division mit dem „Auxiliar-Corps" durchzuführen. Er schrieb

---

*) Im Museum zu Metz befindet sich ein grofses Gemälde, welches die Hauptepisode der Schlacht von Hohenlinden darstellt, und welches der Stadt 1836 durch den berühmten Maler M. Schoppin geschenkt wurde. Richepance war ein Metzer Kind und am 25. März 1770 dort geboren. Unter dem Gemälde steht: „Bataille de Hohenlinden (3 decembre 1800). Le général Richepance à la tête d'une partie de sa division exécute sur les derrières de l'armée autrichienne, commandée par l'archiduc Jean, le mouvement ordonné par le général en chef. A l'entrée du defilé de la forêt, l'ennemi soutenu par une vive canonade, arrête un moment la tête de la colonne (ce war die bayerische reitende Artillerie), un instant d'hésitation peut tout perdre. Richepance se retournant alors vers les grenadiers de la 48ième. Que pensez-vous de ces gens-là, leur demande-t-il en montrant l'ennemi. Ils sont morts! s'écris-t-on de toutes parts. Et les Hongrois(?) chargés à la baionette sont culbutés dans toutes les directions. 10,000 prisonniers, 100 pièces de canon et le parc entier de l'ennemi sont les trophées de cette célèbre bataille."

**) Lanfrey, Geschichte Napoleons, deutsche Übersetzung v. Glümer, 2, 189, 190.

***) Militärische Klassiker, Erzherzog Karl, 228.

†) Aus den Aufzeichnungen des J. F. Lipowsky.

damals an Major Verger:*) „Les désastres à l'aile gauche dans la journée du
3 nous seront connue maintenant dans tous leurs détails, nous en avons reçu
içi la première nouvelle par le lieutenant Zentner depêché en courier par le
baron de Deuxponts. Le moment parait venu où le corps subsidiaire
pourra se joindre au corps auxiliaire. L'Electeur adresse aujourd'hui
l'ordre au baron de Deuxponts. Il devra se mettre en correspondance avec
Monsieur le Duc pour concerter leurs mouvements respectifs et lui envoyer un
officier dès qu'il sera à sa portée pour regler la jonction et la dislocation. C'est
sur ce but qu'il faut desormais diriger tous les mouvements et se depecher de
reunir tout le corps auxiliaire de manière a ce que les trois brigades puissent se
soutenir mutuellement." Dieser Wunsch ging erst einige Wochen später, wie
wir noch hören werden, in Erfüllung.

Nach dem Unfalle, den die Armee bei Hohenlinden erlitten und der ihren physischen und moralischen Zustand gleich stark erschüttert hatte, blieb für jetzt nur die Verteidigung übrig.

Die Armee ging an das rechte Innufer und bezog dort eine Defensivstellung, die bis zum 8. vollständig besetzt war.

Die Bayern gingen als nicht kampffähig über Mühldorf, Burghausen, Gilgenberg, Mattigkofen nach Strafswalchen, wo sie am 9. Dezember eintrafen und folgende Quartiere bezogen. Bis zu diesem Zeitpunkt waren auch die bisherigen Besatzungen in den Brückenköpfen von Mühldorf, Wasserburg und Krayburg bei der Division eingetroffen, nachdem sie von österreichischen Truppen abgelöst worden waren. Die Quartiere, welche die Division bezog, waren folgende:**) Stabsquartier in Strafswalchen; Bataillon Reufs Gericht Hochfeld; Stengel St. Gilgen und Revier; Minucci Schlofsberg, Spreti und Metzen Gericht Thalgau; Pompei Pfarrei Mattsec; Lamotte Oberbaum; Buseck Seedorf und Secham; Dallwigk Berndorf; Preysing im Salzburger Anteil der Pfarreien Asstadt, Tagnig, Mandelfingen und Palding; Zoller Mundelfing; Fufsjäger, reitende Batterie, Bataillonsgeschütze, Reserve-Artillerie und Kavallerie im Neumarkter Gericht; Kommissariat Neumarkt; Lazarette Spangen und Sieghartstein; Bagage Seekirchen.

»— Die Pfälzer stelle ich bei Werfen auf, damit sie dort wenigstens den Pafs gegen Steyermark verteidigen.«***) Deshalb erhielt Zweibrücken am 10. Dezember aus Teisendorf den Befehl: »Gleich nach Empfang dessen, haben der Herr Generallieutenant

---

*) Bayreuth, 7. Dezember 1800.
**) K. k. Kriegsarchiv Fasc. 12 St. 189. Schreiben des Major Romberg an Oberst v. Weyrother, „Der Verlust ist nicht ganz so grofs, als er angegeben wurde, die Eingaben des Verlustes von denen Bataillons ist noch nicht angelangt."
***) Erzherzog Johann an den Hofkriegsrat, 10. Dezember 1800. K. k. Kriegsarchiv Fascikel 12 Stück 187.

mit Ihrem gesammten unterhabenden Korps aufzubrechen, und sich nach Werfen an der Salza in Marsch zu setzen, daselbst militärisch aufzustellen und die weitern Befehle abzuwarten.«*)

Infolge eines kurfürstlichen Befehles, der in der Nacht des 12. eintraf, mufste sich Generallieutenant v. Zweibrücken in das Hauptquartier nach Salzburg begeben »um die Vereinigung des Subsidien-Corps mit jener des Auxiliar-Corps zu bewirken, welche aber nicht erfolgte.«**) Es wäre hierbei fast zu ernsten Auftritten gekommen. In einer Konferenz, in welcher dieser Gegenstand beraten wurde, kam es von Seiten Lauer's zu so ungerechten Anschuldigungen gegen die bayerischen Truppen, dafs Zweibrücken nur mit Mühe abgehalten werden konnte, mit dem Degen in der Faust auf der Stelle Genugthuung von dem General Lauer abzuverlangen.***)

Am 14. passierte die französische Armee bei Laufen die Salzach, nachdem sie kurz vorher an das rechte Innufer gegangen war. Die bayerischen Truppen marschierten über Vöcklabruck (14.), Wels (15.), nach Linz (16.), wo sie an das linke Donauufer gingen. Am 18. Dezember lagen sie in folgenden Quartieren: Stab Ottenschein; 1. Brigade: Stab Hellmansöd; Bataillon Reufs Reichenthal; Metzen Schenkenfelden; Minucci Zwettel; Stengel Oberneukirchen und St. Veit; Schlofsberg und Spreti Hellmansöd; 2. Brigade: Ottenschein; Pompei Walding mit Ottensheim; Zoller Lamotte und Fufsjäger Walding, Gramastetten und Gotthard; Preysing Goldenwerth; Buseck Reichenau; Dallwigk, Geng; Chevaulegers Weifsendorf und ein Teil der Pfarrei Leonfelden; Artillerie, Kommissariat und Fuhrwesen Leonfelden; Reserve-Artillerie und Bagage Wartberg. Am 16. Dezember betrug die Stärke der Division 7950 Mann.†)

Generalmajor Wrede, der sich am 18. Dezember in das Hauptquartier nach Steyer begeben, und am 20. wieder zurückgekehrt war, brachte den Befehl »dafs das Corps die Donaustrecke von Feldkirch angefangen bis nach Steg besetzen solle, da Linz verlassen und die Stellung hinter dem Traunflufs genommen werden würde.« Am 21. rückte das Bataillon Preysing nach Steg, die Bataillone Zoller und Lamotte besetzten Urfahr-Linz, gegenüber von Linz, das Bataillon Metzen kam zwischen Buchenau und Ottensheim und Bataillon Spreti nach Feldkirch zu stehen; überall wurden Pikets

---
*) K. k. Kriegsarchiv Fasc. 12 St. 186.
**) Journal pro Dezember.
***) Heilmann, Feldmarschall Fürst Wrede, 66.
†) Siehe Anmerkung auf der nächsten Seite.

ausgestellt; Generalmajor Wrede übernahm das Kommando über diese Defensionslinie. Am 22. nahm Zweibrücken sein Quartier in Hellmansöd. Am 23. marschierte das Bataillon Dallwigk aus seiner Kantonierung Geng zur Verstärkung nach Urfahr-Linz. Inzwischen wurde die österreichische Armee, über welche der Erzherzog Karl endlich — aber nur um sieben Monate zu spät — das Kommando wieder übernommen hatte, nach den Gefechten bei Frankenmarkt, Vöcklabruck, Schwanstadt und Lambach bis hinter die Ens zurückgedrückt. Am 21. liefs der Erzherzog dem General Moreau einen Waffenstillstand antragen, worauf die Feindseligkeiten einstweilen eingestellt wurden; bis am 23. General Graf Grüne mit der nötigen Vollmacht ausgerüstet erschien, und endlich am 25. Dezember in Steyer eine Konvention wirklich zum Abschlufs kam.*)
Die Demarkationslinie lief auf dem linken Ufer der Donau von Bamberg bis Regensburg und auf dem rechten Ufer der Donau vom

†) Stärke der Subsidien-Division am 16. Dezember 1800.

Pfarrei.	Abtheilungen.	Offiziere.	Vom Feldwebel abwärts.	Pferde.	Name des Distrikts.
Ottensheim	Generalstab	27	98	100	Ottensheim.
Leonfelden	Komissariat u. Fuhrwesen	20	50	200	Leonfelden.
Leonfelden	Artillerie	19	200	150	„
Weissenbach u. ein Theil v. Leonfelden	} Chevaulegers-Regiment	50	968	1011	Helfenberg ditto.
St. Gotthard	Division Kesling	4	99	14	Eschlberg.
Reichenthal	Grenadier-Bataillon Reuss	10	353	26	Reichenau.
Schenkenfeld	Feldjäger-Bataill. Metzen	12	354	30	„
Zwettel	Bataillon Minucci	9	360	24	Wildberg.
Ober-Neukirchen u. St. Steit	} „ Stengel	10	460	49	Waxenberg.
Hellmansöd	„ Schlofsberg	11	537	36	Wildberg.
Hellmansöd	„ Spreti	12	528	36	„
Walding Ottensheim	} Gren.-Bataillon Pompei	16	373	24	Eschlberg.
Reichenau	Bataillon Buseck	11	396	20	Reichenau.
Geng	„ Dallwigk	17	450	24	Eschlberg.
Gramastetten u. Walding	} „ Zoller	15	509	33	„
Gramastetten u. St. Gotthard	} „ Lamotte	16	572	33	„
Veldkirch Wörth	} Feldjäger-Bataillon Preysing	16	267	24	Landeshaag.
Wartberg	Reserve-Artillerie	1	120	196	„
		276	7674		

K. B. Kriegsarchiv 1800 XI — XII.   7950

*) Durch diese Konvention mufste den Franzosen die Citadelle Marienberg bei Würzburg, ferner Braunau und Kufstein, die Scharnitz und ganz Tirol als Unterpfand überlassen werden.

Einfluſs der Erlaf über Leoben, Murau, Spital, Lienz, längs dem Tagliamento bis an das adriatische Meer.*)

Der am 24. Dezember zum Erzherzog abgeschickte Major und Flügeladjutant v. Ditfurth brachte endlich am 27. die Erlaubnis, daſs die Division am 30. zur Vereinigung mit dem »Auxiliar-Corps« in die Oberpfalz abrücken dürfe.

In der Oberpfalz angekommen**), trat die Subsidien-Division unter die Befehle des Herzogs Wilhelm. Am 31. Dezember betrug ihr ausrückender Stand 179 Offiziere und 5328 Mann und 1805 Pferde; vom Effektivstand gingen nur noch 4070 Mann ab. Krank waren 1060 Mann, blessiert 134 Mann, gefangen 2054 und unarmiert 437 Mann.***) Am 13. Januar verabschiedete sich Generallieutenant v. Zweibrücken von der Subsidien-Division, deren Führung er dem Generalmajor v. Triva übergab. Generalmajor v. Wrede, die Obersten Siebein und Graf Reuſs und der Kriegskommissar Krauſs muſsten sich sofort nach Amberg begeben, und sich dort beim Herzog Wilhelm melden, den der Kurfürst unterm 10. Januar an die Spitze eines Kriegsrates gesetzt hatte, »der sich über die vorzunehmenden und nötig gewordenen Reformen, sowie übrigen Einrichtungen zu beschäftigen hatte.« Auſser den Vorgenannten waren vom Auxiliar-Corps noch ferner die Generalmajore Bartels, Gaza und Nogarolla und der Oberkriegskommissar Orff Mitglieder dieses Kriegsrathes. Achtunddreiſsig Fragen waren demselben zur Beantwortung übergeben worden. Später werden wir vielleicht hierauf zurückkommen.

Am 16. Januar 1801 hatte die Subsidien-Division folgende Kantonierungen bezogen: Divisionsstab Cham; 1. Brigade: Stab Viechtach; 1. Bataillon (Reuſs) Furth; 2. Bataillon (Metzen) Neunkirchen; 3. Bataillon (Minucci) Runding; 4. Bataillon (Stengel) Kötzting; 5. Bataillon (Schloſsberg) Viechtach; 6. Bataillon (Spreti) Rumansfelden; 2. Brigade Stab: Roding; 1. Bataillon (Pompei) Roding; 2. Bataillon (Buseck) Neuhaus; 3. Bataillon (Dallwigk) Radiszell; 4. Bataillon (Zoller) Bogen; 5. Bataillon (Lamotte) Wiesenfelden und Wörth; 6. Bataillon (Preysing) Donaustauf. Kavallerieregiment: Stab Deggendorf; 1. Eskadron Deggendorf; 2. Eskadron Schwarzach und Revier; 3. Eskadron Hengersberg und R.; 4. Eska-

---

*) Erzherzog Karl, Feldzug von 1799.
**) Siehe Marschtableau unter Beilage 1.
***) Ferner nach einer früheren Angabe von der Artillerie: gefangen und vermiſst a) reitende Artillerie: 1 Chirurg, 4 Kanoniere und 27 Knechte, b) von der Infanterie-Artillerie: 1 Lieutenant, 4 Unteroffiziere, 1 chirurgischer Praktikant,

dron Hofkirchen und R.; 5. Eskadron Regen; 6. Eskadron Schau-

23 Ober- und 29 Unter-Kanoniere. Wir haben diesen Abgang, wie bereits weiter oben gesagt, berücksichtigt.

Die vorhandene Standtabelle vom 31. Dezember 1800 weist den Stand wie folgt aus:

	Effectiv						Krank						Blessiert						Gefangene						Das Bataillon rückt aus mit					
	Offiziers	Unteroffiziers	Gefreite	Chirurgen	Spielleute	Gemeine	Offiziers	Unteroffiziers	Gefreite	Chirurgen	Spielleute	Gemeine	Offiziers	Unteroffiziers	Gefreite	Chirurgen	Spielleute	Gemeine	Offiziers	Unteroffiziers	Gefreite	Chirurgen	Spielleute	Gemeine	Offiziers	Unteroffiziers	Gefreite	Chirurgen	Spielleute	Gemeine
Generalstab	14	5	.	.	.	.	1	.	.	.	.	.	.	.	.	.	.	.	.	.	.	.	.	3	8	4	.	.	.	.
Grenadier Reuss	15	40	48	4	8	479	.	1	.	.	.	47	.	.	.	.	.	13	2	7	12	.	1	133	8	31	24	3	7	277
Feldjäger Metzen	16	42	47	4	12	485	1	4	5	.	1	71	1	.	2	.	.	8	6	10	9	.	.	156	10	26	20	2	4	233
Infant. Minucci	15	41	46	4	7	488	1	8	8	.	.	69	1	.	.	.	.	3	5	7	12	.	.	66	7	33	26	2	12	226
„ Stengel	16	43	48	4	14	592	4	.	5	.	.	30	.	.	.	.	.	26	2	6	18	.	2	222	13	31	42	2	4	424
„ Schloßsberg	16	45	50	4	7	631	2	3	4	.	5	172	.	.	.	.	.	.	6	5	1	.	1	233	13	29	20	2	8	265
„ Spreti	15	39	46	4	8	478	2	4	2	.	1	84	.	.	.	.	.	8	8	8	15	.	5	221	13	32	20	2	7	326
Grenad. Pompei	16	40	48	4	8	587	2	2	4	.	.	61	.	.	.	.	.	11	5	7	1	.	5	177	13	26	23	3	8	339
Feldjäger Preysing	16	43	44	4	13	616	3	5	9	.	2	53	1	.	.	.	.	13	.	.	11	.	.	121	11	26	21	3	7	186
Infant. Buseck	16	43	47	3	16	605	.	1	10	.	.	173	.	.	.	.	.	13	7	13	6	.	3	56	9	26	23	3	14	267
„ Dallwigk	16	44	48	4	12	592	3	3	5	.	1	57	.	1	2	.	.	8	6	.	5	.	.	221	13	28	24	2	8	308
„ Zoller	16	43	47	2	8	483	.	1	5	.	.	45	.	.	.	.	.	5	.	8	8	.	1	83	11	38	31	2	11	395
„ Lamotte	15	44	46	3	11	654	3	3	9	.	.	61	1	.	.	.	.	11	1	7	11	.	.	121	13	35	24	2	9	467
Fußjäger Keßling	7	22	24	.	6	235	1	1	2	.	.	15	.	.	.	.	.	16	.	3	6	.	1	149	4	8	8	.	5	62
Kavallerie	50	74	69	6	12	755	5	2	2	.	1	55	8	2	1	.	.	13	3	11	17	.	3	83	41	61	60	5	11	596
Im Ganzen	245	603	601	55	153	7680	20	41	63	5	14	917	8	4	80	.	.	1111	37	78	121	3	23	1792	179	436	378	28	115	4311
	9517						1060						134						2054						5447						

berg und R. **Fufsjäger:** Stammsried. **Reserveartillerie:** Cham. **Spital:** Tirschenreut.

Nachdem auch in Italien am 16. Januar 1801 zu Treviso ein Waffenstillstand geschlossen worden war, folgte am 9. Februar 1801 der Friede von Luneville.

Ehe wir diesen Abschnitt schliefsen, möge noch das Urteil eines Augenzeugen über den jammervollen Zustand des Heeres am Schlusse des unglücklichen Feldzuges seinen Platz finden.*) Es lautet: »Elf Stunden von Wien erfuhr die Armee den geschlossenen Waffenstillstand, das Ende ihrer Leiden. Der Erzherzog Karl hatte zwar mehr Ordnung, besonders auf den Märschen, wieder hergestellt. Allein die physischen Kräfte der Armee nahmen dennoch täglich ab, und der Wunsch nach Friede, die Hoffnung dazu, wurde so grofs, dafs in den Gemütern noch der letzte Funke kriegerischen Gefühles erlosch. Hier, in den Wäldern von St. Pölten, lag nun die deutsche Armee, elender als eine Herde Bettler, ihre Gerippe nur noch in Lumpen gehüllt, mit totenbleichen Gesichtern, nackten Füfsen, abgestumpften Sinnen, hinter ihnen die Spuren ihrer eigenen Verwüstungen, in den Herzen Aller — lauter Fluch über ihr Schicksal. Wer vermag den mehr als erbarmungswürdigen elenden Zustand der braven, geduldigen, achtungswerten österreichischen Soldaten zu beschreiben. **Kein Beispiel, kein Zusprnch von oben herab, mithin kein Zutrauen, keine Liebe, kein Gehorsam mehr von unten herauf!** So endigte sich abermals ein Feldzug, von dem die Franzosen wieder gestehen müssen: **»Une victoire sans péril est un triomphe sans gloire.«**

2. Die Kontingents-Brigade unter Generalmajor v. Bartels.

Diese Brigade bildete das Quintuplum des bayerischen Kontingentes, wie solches aufzustellen, schon im August 1799 beschlossen worden war.

Sie bestand, wie bereits gesagt, aus dem in Philippsburg befindlichen Bataillon des 6. Füsilier-Regiments Herzog Pius (im 8. Infanterie-Regiment), dem (kombinierten) Feldjäger-Bataillon

---

*) Über den Feldzug in Deutschland im Sommer und Winter des Jahres 1800. Von einem Offizier der alliierten Truppen im Laufe des Feldzugs verfafst. 1801, 143, 144.

Salern (im jetzigen 12. und 15. Infanterie-Regiment) und dem Bataillon Weichs (jetzt 4. Infanterie-Regiment). Jedes Bataillon sollte auf 1060 Mann gebracht werden, wodurch das Quintuplum erreicht war: 3180 Mann ohne Stab, Artillerie und Fuhrwesen.*) Das in Straubing gestandene Bataillon Weichs, sowie die Ergänzungsmannschaften der Bataillone Salern und Pius, in Summa 2226 Mann, sammelten sich am 6. März bei Donauwörth und marschierten unter Kommando des Obersten Krohne vom Regiment Weichs über Nördlingen, Ellwangen, Hall, Öhringen, Heilbronn, Eppingen nach Bruchsal (Ergänzungsmannschaften des Bataillons Pius, welche am 17. in Bruchsal eintrafen), Mingolsheim (16. März, Stab des Bataillons Weichs, ferner Malsch, Malschenberg, Rauenberg und Rothenberg), Ubstadt (17. März, Stab des Bataillons Salern, ferner Stettfeld, Zeutern, Unternwisheim) und Kifslau (Fuhrwesen und Reserve-Artillerie). Auf dem Marsche waren im Ganzen 1 Unteroffizier und 34 Mann desertiert. Generalmajor v. Bartels hatte sich am 16. März, an welchem Tage er das Kommando über die Kontingents-Brigade übernommen, von Heidelberg nach Bruchsal begeben. Die Brigade gehörte, wie schon erwähnt, zu dem Corps des Feldzeugmeister Sztaray, welches in jener Gegend den rechten Flügel des österreichischen Heeres unter Kray bildete.

Unterm 14. Februar war bestimmt worden, dafs die Bataillone Siebein und Buseck nicht mehr als Ergänzung des Quintuplums zu zählen und auch das Feldjäger-Bataillon Schwiegeld von dem Kontingent abzuziehen sei, somit das Kontingent ganz aus bayerischen Truppen zu bestehen habe. Die Bataillone Buseck und Siebein besafsen damals 300 Bayern, welche an das Bataillon Weichs abgegeben werden mufsten. Die genannten Bataillone Siebein, Buseck und Schwiegeld bildeten Bestandteile der Subsidien-Brigade unter Oberst Wrede.

Das Bataillon Pius, zwar zur Kontingents-Brigade zählend, rückte erst im Oktober bei derselben ein. Am 16. März*) standen

*) 6. März:		Summa der im Felde stehenden	Summa der als Ersatz nachrückenden	Quintuplum
Feldjäger-B. Salern	878	182	878	1060
Herzog Pius	659	401	659	1060
Weichs	743	—	317	1060
	2280 M.	583 M.	1854 M.	3180 M.
	mit 9 Mann Stab = 3189 Mann.			

von diesem Bataillon 2 Compagnien in Forst (Oberst Triva) und 2 Compagnien (Hauptmann Hepp) in Büchenau. Vom kombinierten Feldjäger-Bataillon Schwiegeld (aus Schwiegeld und Salern kombiniert) standen 3 Compagnien in Kronau (Major v. Metzen) und 3 Compagnien in Weiher (Oberstlieutenant v. Ranson), Artillerie (Oberlieutenant Koch) in Neudorf. Hiervon sollte das Feldjäger-Bataillon Salern (2 Compagnien) zur Kontingents-Brigade und das Feldjäger-Bataillon Schwiegeld (4 Compagnien) zur 2. Brigade Wrede der Subsidien-Division stofsen. Von bayerischer Seite wurden diese Abteilungen vom Gouverneur abverlangt, was dieser aber verweigerte, da er von dem Armee-Ober-Kommando hierzu nicht ermächtigt sei. Am 17. März schrieb er deshalb an Oberst Triva: »Die beiden bayerischen Jäger-Compagnien (Salern) wolle er nach Forst und die 4 Compagnien von Pius nach Bruchsal verlegen. Die 4 pfälzischen Compagnien (Schwiegeld) aber verbleiben noch zur Zeit, wo selbige dermalen stehen, überhaupt aber bleibe der Herr Oberst bis ich deshalb weitere Befehle erhalte, noch mit sämmtlichen 10 Compagnien an die Festung angewiesen, und müfste bei einer nicht zu erwartenden Vorrückung des Feindes sogleich wieder in die Festung zurückkommen.« Schon Tags vorher hatte sich der Rheingraf dem Obersten Triva gegenüber ausgesprochen, »dafs er nicht im Stande sei, die pfalzbayerischen Truppen marschieren zu lassen, als wo selbige stehen; ich begreife daher gar nicht, wie Herr Oberst von Wrede sich kann beigehen lassen, diese Truppen (Feldjäger-Bataillon Schwiegeld), so noch unter meinem Kommando stehen, marschieren zu machen, indem ich noch keine weiteren Befehle von S. Kaiserl. Hoheit habe. Für allen Verdrufs, den Sie oder einer Ihrer Stabsoffiziere darum haben könnten, bin ich Garant und werde Sie gewifs zu schützen wissen.« Demzufolge kam das Bataillon Pius nach Bruchsal, ferner die 2 Compagnien Salern nach Forst und die 4 Compagnien Schwiegeld nach Kronau und Weiher; Oberst Triva begab sich gleichfalls nach Bruchsal.

Am 22. März zählte das Bataillon Salern 885, Weichs 1031 und Pius 672 Mann, zusammen 2588 Mann, darunter 52 Offiziere. Bei den Bataillonen Salern und Weichs befanden sich 4 sechspfünder Kanonen; das Bataillon Pius, zur Besatzung von Philippsburg gehörig, hatte noch keine Geschütze zugeteilt erhalten. An Infanteriepatronen

---

	In loco verblieben	Dienstb.
*) Am 16. März		
Feldjäger-Bataillon Schwiegeld (4 Comp.)	415	359
„ „ Salern (2 Comp.)	173	150
6. Füsilier-Regt. Pius (4 Comp.)	358	301

von 18 Kaliber hatte jeder Mann die reglementsmäfsigen 30 Stück in der Patrontasche. Statt des Major Tischleder von der Artillerie kam Hauptmann Rumler zur Kontingents-Brigade.

Am 22. März marschierte Bartels mit dem Bataillon Weichs und den Ergänzungsmannschaften der Bataillone Salern und Pius von Bruchsal nach Durlach. Oberstlieutenant Ranson blieb mit 6 Compagnien Jäger (Salern und Schwiegeld), 4 Compagnien Infanterie (Pius), deren Artillerie und Fuhrwesen, »unbeweglich« stehen; da Oberst v. Triva eine andere Verwendung erhalten, hatte der Rheingraf dem Oberstlieutenant Ranson das Kommando über die »Kontingents-Truppen« übergeben.

Aus Rastatt, wohin inzwischen Bartels abgerückt, berichtete er am 27. März, dafs der linke Flügel seiner Brigade unweit Stollhofen beginne und die Pikets sich bis Daxlanden (westlich Mühlburg) verlängern; in Philippsburg stünden von seiner Brigade noch 6 Compagnien (4 Pius und 2 Salern). Er habe somit unter seinen unmittelbaren Befehlen nur das Bataillon Weichs und die Ergänzungsmannschaften der in Philippsburg befindlichen Bataillone Salern und Pius.

Nachdem Kienmayer aus seiner Stellung bei Kehl zurückgedrängt worden war, zog sich Sztaray, der bei Rastatt stand, an die Murg. Die Brigade Bartels, aus 3 Bataillonen vom österreichischen Regiment Wenkheim und den Bataillonen Salern (welches inzwischen aus Philippsburg eingetroffen war) und Weichs bestehend, marschierte über Oos (25. April), Kuppenheim (26.), Gernsbach (27.),*) nach Pforzheim (28.). »Da der Feind die Absicht hatte, das Kapler- und Kinzigerthal auf dem einen oder andern Punkt zu occupieren und durchzubrechen droht, auch vielleicht eine Partei zurückgedrängt haben möge, indem derselbe bei Offenburg seine Hauptstärke anwendbar mache.«**) 3 Bataillone Württemberger befanden sich in der Nähe der Brigade. »Das Sztaray'sche Corps, wobei ich die Ehre habe zu stehen, kam zur Zeit noch zu gar nichts, aber die Märsche, besonders der gestrige (von Gernsbach nach Pforzheim),

---

*) Am 25. Brigadestab Oos; Weichs von Vimbuch nach Weiterung; Salern zwischen Rastatt und Iffezheim.
Am 26. Brigadestab Kuppenheim, Salern und Wenkheim bei Kuppenheim; Weichs in Weitenung.
Am 27. Brigadestab Gernsbach, Wenkheim, Salern und Weichs bei Gernsbach.
**) Bartels an den Kurfürsten, dato Pforzheim, 28. April 1800. K.-A. 1800. 2. 6.

war keine Kleinigkeit.«*) Als Sztaray den Befehl erhalten, wieder nach Gernsbach und Muggensturm zurückzugehen und nur die Regimenter Wenkheim und Mack auf dem kürzesten Weg zur Hauptarmee zu schicken, kehrte auch die Brigade am 30. über Gernsbach nach Rastatt zurück; Bataillon Weichs kam nach Steinmauern und Salern nach Stollhofen und Concurrenz ins Quartier.

Nachdem die Brigade am 1. Mai nach Achern und am 2. Mai nach Offenburg marschiert war, ging sie über den »Kniebis«, stand am 3. Mai in Dornstetten, am 4. in Horb und am 6. in Hechingen, von wo sie noch am Abend bis Gammertingen vorging. In Tübingen erhielt Sztaray am 6. Mai den Befehl, sich über Urach und Blaubeuren nach Ulm zu ziehen, um sich dort mit der Hauptarmee zu vereinigen. Da die Lebensmittelwagen nicht hatten folgen können, geschah die Verpflegung bis zum 6. durch die Quartiergeber. In Hechingen, wo inzwischen die Lebensmittelwagen eingetroffen waren, begann die Magazinverpflegung wieder. Die Desertion war stark eingerissen; in einer Nacht brannten 41 Landkapitulanten durch; im ganzen waren bereits »weit über 100 Mann abgängig.« »Ich bin äußerst besorgt« — schreibt Bartels an den Kurfürsten**) — »daß die Ausgedienten noch alle abgehen, die Bataillone von selbst in die äußerste Schwäche verfallen. Es thut mir nur herzlich leid, daß die Truppe Euer Kurfürstlichen Durchlaucht bei der Armee in üble Vorurtheile verfällt.« Am 11. traf die Brigade Bartels von Gammertingen und Sztaray von Tübingen her, bei Ulm ein.***)

---

*) Bartels an den Kurfürsten, dato Pforzheim, 29. April 1800. K.-A. 1800. 2. 6.
**) Am 6. Mai aus Hechingen. K.-A. 1800. 2. 6.
***) In Ulm angekommen, schickte Bartels alle Pferde excl. Artilleriebespannung, an 32 Pferde, Bagage u. s. w. unter Major und Kriegsrath v. Mohr nach Aichach. Bei den beiden Bataillonen in Ulm verblieben alle Zeltwagen mit den Decken und sämtlichen Kesseln, ferner die 12 Artillerie-Reservewagen, die Kasse und Feldkriegs-Kommissariats-Registratur nebst 2 Dragonern; 4 Dragoner mit 1 Unteroffizier gingen mit der Bagage nach Aichach. Im Laufe der Operation zog sich Major Mohr nach und nach von Aichach über Pfaffenhofen und Obersaal nach Stadtamhof. Am 13. Juni 1800 meldete Major Mohr, daß er sein Depot nach Stadtamhof verlegen werde, weil der Feind bei Landsberg sei, bei Augsburg den Lech passiert und Friedberg besetzt habe, der österreichische General von Merveldt bei Aichach stehe; er denkt daran bei weiteren ungünstigen Vorfällen das Depot nach Dietfurt oder Burglengenfeld zu bringen. Das Oberkriegs-Kollegium erwiedert, er solle mit seinem Depot einstweilen in Stadtamhof verbleiben und bei günstigen Umständen näher vorrücken. Motive, das Depot könne in einigen Stunden marschfertig sein; es sei also nicht nötig, in solcher Entfernung auf jedes Gerücht gleich aufzubrechen und sich soweit von den Truppen zu entfernen, welche berufenden Falles mit Fuhr-

Die Kontingents-Brigade schied aus dem Verband des Sztaray'schen Corps und bildete nunmehr einen Teil der Besatzung von Ulm unter General Gavasiny. Zur Verstärkung wurden der Brigade 2 österreichische Bataillone beigegeben. Das Bataillon Salern zählte damals 21 Offiziere und 863 Mann und das Bataillon Weichs 20 Offiziere und 819 Mann. Aufserdem standen noch in Ulm 13 Bataillone Infanterie und 4 Schwadronen Kavallerie nebst der entsprechenden Zahl Artillerie und Pioniere.

Als Kray die Umgegend von Ulm verliefs, verblieb in Ulm Feldmarschall-Lieutenant Petrasch mit einer Besatzung von 12,000 Mann. Die bayerische Kontingents-Brigade bildete einen Bestandteil der Besatzung, welche in vier Brigaden geteilt war. Generalmajor Bartels kommandierte die 2. Brigade, welche aufser den beiden bayerischen Bataillonen noch aus 2 Bataillonen Murray und 1 Bataillon Kerpen bestand. Die Festung war mit 300 Geschützen von verschiedenem Kaliber versehen. Die Brigade Bartels hatte die Retranchements an der Donau, sowie die auf dem linken Ufer gelegenen Werke Ziegelstadel und Ravelin Nr. 16 zu verteidigen.

General Richepance, den Moreau mit 10,000 Mann vor Ulm zurückgelassen, hatte am 24. Juni die Einschliefsung der Festung vollzogen. An einem Ausfall am 26. Juni in der Richtung auf Offenhausen hatte die Brigade Bartels teilgenommen; er hatte einige Gefangene eingetragen. Nach der Beschiefsung am 6. und 7. Juli entschlofs sich Richepance zur förmlichen Belagerung. Bei einem Ausfall, der in der Nacht vom 7. auf den 8. Juli ausgeführt wurde, befanden sich von der 2. Brigade Bartels: 4 Compagnien Murray, 2 Compagnien Kerpen, 300 Bayern, 100 Mann Kavallerie nebst ½ Batterie; das Kommando über diese Kolonne führte Oberst Graf Sinzendorf. Es gelang, die feindlichen Werke zu zerstören. Schliefslich aber von allen Seiten angegriffen, mufste sich die Ausfallkolonne mit einem Verlust von 82 Toten und Verwundeten, unter denen der bayerische Hauptmann Amann, 130 Gefangenen und 2 Geschützen in die Festung zurückziehen.*)

Von einem Ausfall am 17. Juli, wie Bartels**) und Völderndorff***) u. a. angeben, weifs aber die treffliche Geschichte Löffler's†)

---

wesen unterstützt werden müssen. Am 5. August schreibt General Bartels: „Wir sind ganz von unserer Bagage seit April entblöfst; wo sich Major Mohr mit derselben befindet, weifs ich nicht."

*) Löffler, v., Geschichte der Festung Ulm, 459.
**) Meldung am 5 August an den Kurfürsten.
***) Kriegsgeschichte, 1, 160.
†) Löffler, 462.

nichts. Diese Angabe ist überhaupt ein Anachronismus, da Richepance schon am 16. Juli die Mitteilung von dem am 15. Juli geschlossenen Waffenstillstand gemacht hat und eine Art Waffenruhe eingetreten ist, wenigstens durften an diesem Tage eine Anzahl Personen und Wagen die Vorpostenlinie passieren.

Die nun eingetretene Waffenruhe wurde fleifsig zu Waffenübungen benutzt.

Mittlerweile hatte sich der Kurfürst veranlafst gesehen, Warnungen gegen die Desertion zu erlassen. Sie scheinen gefruchtet zu haben, denn Bartels schrieb am 5. August an den Kurfürsten: »Seit erhaltener höchster Verordnung in Betreff der Desertion hat das Übel beinahe im Ganzen abgenommen, nun sterben mir die Burschen an Gall- und Nervenfieber in Lazarethen, aber nicht aufserordentlich, auch der Hauptmann Rumler von der Artillerie starb den 16. v. M. ganz schnell dahin. Höchstdero Truppen sind hierorts in guter Reputation, gerne gab uns der k. k. Gouverneur öffentliche Beweise seiner Zufriedenheit, das nämliche versichert mir Major Graf Bubna vom Bataillon Herzog Pius, so in Philippsburg kommandiert steht.«*)

Nachdem infolge der Verlängerung des Waffenstillstandes die Festungen Ulm, Philippsburg und Ingolstadt an die Franzosen ausgeliefert werden mufsten, wurde Ulm am 2. Oktober denselben übergeben. Die Besatzung marschierte in 3 Kolonnen aus der Festung. Die erste Kolonne unter Generalmajor Bartels, 3050 Mann und 210 Pferde, verliefs am 2. Oktober, die übrigen Kolonnen am 4. und 6. Oktober die Festung. Bartels marschierte hierauf mit den beiden bayerischen Bataillonen Weichs und Salern über Günzburg, Dillingen, Donauwörth, Neuburg, Ingolstadt nach Stadtamhof.

Das dritte Bataillon der »Kontingents-Brigade«, das in Philippsburg stehende 1. Bataillon des 6. Füsilier-Regiments Herzog Pius unter Major Graf Beckers, war am 31. Juli 1022 Köpfe stark und hatte 1 Compagnie mit 14 tägiger Ablösung in Philippsburg und 4 Compagnien mit Stab in Rheinhausen, Alt- und Neulufsheim; am 24. August besetzte es Schwetzingen mit 1 Offizier, 2 Unteroffizieren und 24 Mann; ferner Oftersheim mit 1 Unteroffizier und 12 Mann und schliefslich Heidelberg mit 1 Hauptmann, 1 Lieutenant, 4 Unteroffizieren und 40 Mann; Brühl und Ketsch waren mit fränkischen Truppen besetzt, die unter dem Kommando des Major Graf Beckers

---

*) K.-A. 1800. 2. 6. Major Graf Bubna hatte am 30. Juli die Nachricht vom abgeschlossenen Waffenstillstand nach Philippsburg gebracht.

standen. Am letzten September war das Bataillon stark: 25 Offiziere, 55 Unteroffiziere, 17 Spielleute, 881 Gefreite und Gemeine; zum Dienst verblieben: 17 Offiziere, 39 Unteroffiziere, 16 Spielleute. 567 Gefreite und Gemeine, zusammen 639 Mann mit 41 Pferde, Das Bataillon verliefs am 10. Oktober die Festung, nachdem dieselbe am 8. Oktober von den Franzosen besetzt worden war. Das Bataillon marschierte über Hokenheim, Handschuhsheim, Heppenheim, Oberbesenbach, Esselbach, Täfelstein nach Würzburg, wo es am 17. Oktober eintraf. Von dort nahm es seinen Weg in die Oberpfalz und traf am 30. Oktober über Hollfeld und Pottenstein mit seinen beiden Geschützen in Auerbach ein, wo es bei seiner Brigade einrückte. Am 13. Oktober wurden die Kranken in Philippsburg zu Wasser nach Würzburg gebracht; es waren 1900 Mann, darunter 237 Mann vom Bataillon Pius.

Die fernere Thätigkeit der nunmehr vereinigten »Kontingents-Brigade« (Bataillone Weichs, Salern und Pius), welche von jetzt ab unter das Kommando des Herzogs Wilhelm tritt, aber ihren Charakter als »Kontingents-Brigade« noch einige Zeit beibehält, ist bei der Schilderung der Operationen des »Auxiliar-Corps« zu ersehen. —

3. Die Detachements am Lech.

Einleitung.

Nachdem sich Lecourbe am 27. Mai in das Lechthal gezogen und Augsburg besetzt hatte, schickte Kray den Generalmajor Graf Merveldt mit dem Husaren-Regiment Meszaros und dem 1. Ulanen-Regiment in jene Gegend, um den Streifereien des Feindes nach Bayern Einhalt zu thun. General Devaux mufste Donauwörth besetzen, und sowohl diesen Platz als Neuburg zur Verteidigung einrichten.

Merveldt ging bei Rain über den Lech, wandte sich über Aichach der Augsburg-Münchener Strafse zu und nahm in Eurasburg sein Quartier. Seine Truppen waren folgendermafsen verteilt: In Affing standen 2, in Gallenbach 1, in Eurasburg 5, in Mammendorf und Greifenberg je 1 Schwadron. Die Vorposten standen in einem grofsen Halbkreis von Mühlhausen bis Mehring um Friedberg herum.

An dem Tage, an welchem Merveldt zu seiner neuen Bestimmung abging, bat Kray den Kurfürsten, den in die Gegend von Augsburg und Landsberg mit 2 Kavallerie-Regimenter detachierten Generalmajor Merveldt mit Infanterie zu unterstützen. Er begehrte wenigstens 1000 Mann mit etwas Artillerie.*)

---

*) Kray an den Kurfürsten, Ulm 28. Mai 1800. K-A. 1800 V. a

Auch Merveldt bat am 30. Mai aus Holzheim um Infanterie. Er stehe auf der Strafse Augsburg-München, um sich nach Vereinigung mit den bayerischen Truppen wieder vorzubegeben. Der Feind habe Friedberg und Lechhausen besetzt. Sich als Beschützer der bayerischen Lande aufwerfend, beschwerte sich Merveldt gleich anfänglich über gänzlichen Mangel an Infanterie, und bat, man möchte von seiten Bayern's diesen Mangel ersetzen; er erhielt, wie wir weiter unten noch näher auseinandersetzen werden, einige hundert Mann nebst Artillerie. Diese Unterstützung zu gering haltend, um den Zweck zu erreichen, äufserte er den Wunsch, sein Corps sollte bis auf etliche tausend Mann vermehrt werden. Er zeigte in einem ausführlichen Memoire, dafs man den Streifereien der Franzosen nur dann Einhalt zu thun und Bayern auf eine solide Art zu decken im Stande sein würde, wenn das ganze »Landesverteidigungs-Corps«, möge es auch beschaffen sein wie es wolle, in eine einzige Masse vereinigt und mit demselben eine Art Observations-Corps gebildet werde. Gemeinschaftlich mit seiner Kavallerie-Brigade sollte dann nicht nur eine defensive Stellung am Lech, sondern eine offensive zwischen diesem Flufs und der Wertach genommen werden. Dadurch werde die Lücke ausgefüllt, welche zwischen der Hauptarmee bei Ulm und dem bei Reuti, Füssen und Schongau befindlichen Corps des Fürsten Reufs bestehe. Er setzte noch bei, dafs er keineswegs wünsche das Kommando über das Ganze zu führen, sondern dasselbe gerne einem von dem Kurfürsten dazu bestimmten General zu überlassen bereit sei, wenn sich derselbe nur mit ihm benehmen wolle. Die Folge der Begebenheiten hat gezeigt, dafs dieser Vorschlag gut und den Verhältnissen entsprechend war; allein die bayerische Militärbehörde erklärte sich aus Mangel einer genugsam exerzierten, bewaffneten und montierten Mannschaft für unfähig, den Wunsch zu erfüllen. Von diesem Augenblick an entstand Mifstrauen und Kaltsinn zwischen dem General Merveldt und dem bayerischen Militär; Merveldt wurde in seinen Äufserungen und Schriften von Tag zu Tag bitterer und zeigte nicht undeutlich an, dafs er den Mangel an hinlänglicher Unterstützung bayerischerseits für die einzige Ursache des ungünstigen Ausgangs seiner Operationen halte.*)

Der Kurfürst kam dem Wunsche Kray's und Merveldt's insofern nach, als er sich herbeiliefs, Infanterie-Detachements bei Friedberg und Landsberg aufzustellen. Der Generalquartiermeister des »Landes-

---

*) Geheimes Staatsarchiv: Notes et remarques ministerielles, 1800.

verteidigungs-Corps«, Oberst von Riedl, erhielt den Auftrag, die Detachements unter dem Schutze einer Abteilung des Kürassier-Regiments Minucci, bestehend aus 1 Offizier und 25 Mann, an den Lech vorzuführen. Er ging bis Dachau mit, wo sich die Detachements teilten; 1 Compagnie ging nach Landsberg und 2 Compagnien nach Friedberg. In der Instruktion, welche dem Obersten Riedl erteilt wurde, war die Aufgabe der Detachements wie folgt bezeichnet: »Da diese Truppen blofs dazu bestimmt sind, mit der k. k. Kavallerie das weitere Vordringen des Feindes in die diefsseitigen Lande zu verhindern, so haben dieselben im Falle, dafs der Feind zum Weichen gebracht würde, nicht weiter als bis an den Lechflufs mit vorzugehen; wenn sie aber selbst zurückgedrängt werden sollten, nirgends anders hin als in die diefsseitige Stadt (München) sich zurückzuziehen.«*)

Hauptmann Graf Larosée vom Leibregiment wurde »zur Besorgung der nötigen Korrespondenz an den General Merveldt geschickt.«**) Am 17. Juni traf Larosée bei dem genannten General in Odelzhausen ein, worauf er noch an demselben Tage über Merveldt's Bestimmung berichtete:***) »Merveldt habe, wie er ihm mitgeteilt, den Befehl, im Falle er zurückgedrängt würde, sich immerwährend gegen München die besten Positionen zu wählen, und stets diese Residenzstadt zu decken, endlich aber, sollte er auch an der Isar, als der letzten Position bei obiger Stadt, weichen müssen, so sei er befehligt gegen Braunau zu ziehen.«

Da die beiden Detachements getrennt von einander verwendet wurden, so sollen sie auch einzeln betrachtet werden.

a) Detachement Friedberg.

Das nach Friedberg (östlich Augsburg, an der Strafse Augsburg-München) bestimmte Detachement bestand aus 2 Compagnien des Leibregiments (nun 1. Infanterie-Regiment) zu 400 Mann, welche aus dem ganzen Regiment gezogen worden waren. Sie standen unter dem Kommando des Major Graf Berchem. Die Compagnien wurden kommandiert von den Hauptleuten Freiherr von Tänzl und

---

*) Instruktion für den Oberst v. Riedl, an welchen 2 Compagnien der hiesigen Garnison, um gegen Friedberg, und eine Compagnie so nach Landsberg, welche nur der dortigen k. k. Kavallerie gegen den Feind zu unterstützen haben. insolange angewiesen sind, bis sie wirklich unter das k. k. Kommando getreten, und von da ihre Befehle erwarten werden. München, 30. Mai 1800. Kriegsarchiv 1800 V. a

**) Infolge Kabinetsbefehl vom 10. Juni 1800.

***) An Herzog Wilhelm, dem Kommandierenden des Landesverteidigungs-Corps, Kriegsarchiv 1800 V. a.

Graf Waldkirch; bei denselben befanden sich die Oberlieutenants v. Büllinger, v. Brück und v. Cronegg (Adjutant), die Unterlieutenants Deprun, Lippe, Hagens und Schmidt. An Unteroffizieren und Mannschaften: 1 Unterchirurg, 1 Praktikant, 2 Feldwebel, 1 Fourier, 4 Sergeanten, 12 Korporäle, 4 Tamboure und 400 Gefreite und Gemeine. An Artillerie befanden sich beim Detachement: 1 Unterlieutenant (Brack), 1 Bataillonschirurg, 5 Unteroffiziere, 20 Kanoniere, 4 Stückknechte, 2 Geschütze und 2 Munitionswagen,

Am 30. Mai brach Major Berchem nach Friedberg auf »um in Verbindung mit der österreichischen Arrieregarde, den vordringenden Feind solange als möglich den Übergang über den Lech streitig zu machen und von München abzuhalten.«

Lecourbe stand Anfangs Juni mit 2 Divisionen im Lechthal; er hatte mit dem gröfsten Teil seiner Truppen erst den 6. Juni Früh Augsburg verlassen und sich auf Mindelheim zurückgezogen. Augsburg, Friedberg, Landsberg, Buchloe, Türkheim blieben von den Franzosen besetzt. Merveldt folgte den Franzosen nach, und hielt mit seiner Avantgarde Grofs- und Klein-Aitingen besetzt; die Vorposten des Gegners standen bei Schwabmünchen, Buchloe und Lindenberg. Am 8. griff Merveldt den Gegner bei Schwabmünchen an und zwang ihn, mit einem nicht unerheblichen Verluste, zum eiligen Rückzug auf Ettringen. Auf diesen Unfall hin, mufste Lecourbe von Mindelheim aus, wieder an den Lech vorgehen. Merveldt ging demzufolge an das rechte Lechufer nach Friedberg; einige schwache Abteilungen blieben am linken Ufer des Lech zurück.

Das Detachement Berchem, welches seit mehreren Tagen unthätig bei Friedberg gestanden, trat nun in Verwendung.*) Ein Zug (40—50 Mann) nebst 1 Kanone unter Oberlieutenant Büllinger wurde an die Brücke bei Lechhausen und Hauptmann von Tänzl mit $1/2$ Compagnie und 1 Kanone (Lieutenant Brack) am Hochzoll, zwischen Augsburg und Friedberg, zur Verteidigung der dortigen Lechbrücken aufgestellt; den äufsersten linken Flügel bildete Lieutenant Graf Ysenburg**) gegenüber »dem Ablafs«; die Verbindung mit Lechhausen wurde durch Posten unterhalten; die Reserve stand bei Friedberg. Rechts (nördlich) vom Hochzoll war ein Aufwurf zum Überbankschiefsen, ferner rittlings der Strafse Schützengräben ausgeworfen. Die Brücken waren zum »Abwerfen« eingerichtet. Im

---

*) Befehl Merveldt's, dato Augsburg, 6. Juni 1800. K.-A. 1800 V. a.
**) Lieutenant Graf Ysenburg war an Stelle des erkrankten Lieutenant Deprun getreten.

Falle eines Rückzugs sollten beide Abteilungen den noch am linken Ufer stehenden österreichischen Truppen zur Aufnahme dienen.*) Seit 7. Juni stand das Bataillon Schlofsberg bei Dasing (n. ö. Friedberg an der Regensburgerstrafse). Es war an diesem Tage von Neuburg a. d. D., wo es einige Zeit gestanden, über Mühlhausen nach Dasing marschiert. Unter die Befehle Merveldt's gestellt, hatte es von ihm den Auftrag erhalten, in und um Dasing Kantonierungen in der Art zu beziehen, »dafs selbes binnen einer Stunde auf der Strafse von Dasing versammelt sein könne.« An dem Tage, an welchem die Franzosen die Lechübergänge forcierten, mufste es über Holzheim nach Donauwörth marschieren.**) Das andere Detachement unter Hauptmann Sauer war am 6. Juni bei Landsberg eingetroffen.

Am 12. Juni ordnete Moreau einen allgemeinen Angriff, von Laupheim bis Augsburg an. Zwei feindliche Kolonnen marschierten gegen Augsburg, und eine dritte, die Tags vorher bei Landsberg über den Lech gegangen, wandte sich gegen Mering, wo sie von österreichischen Husaren aufgehalten wurde. Die andern beiden Kolonnen gingen durch Augsburg und suchten sich in den Besitz der beiden Lechübergänge zu setzen. Oberlieutenant Büllinger zog sich mit seiner Kanone über Affing in der Richtung auf Neuburg und Hauptmann Tänzl, hierdurch in seiner rechten Flanke bedroht, ging mit der Kanone auf Friedberg zurück. Lieutenant Ysenburg mufste zur Deckung des Rückzugs stehen bleiben; bei ihm befanden sich zwei österreichische Geschütze. Als die Franzosen beim »Ablafs« den Lech zu durchwaten begannen, trat auch Ysenburg mit den beiden Geschützen den Rückzug an; durch die Verwundung mehrerer Pferde konnten die Geschütze nicht mehr zurückgebracht werden — sie fielen in feindliche Hände. Oberstlieutenant Andrassy, der hinter der bayerischen Infanterie gestanden, hieb mit seinen Husaren auf die Franzosen ein und rettete hierdurch eine Kanone, mit der andern aber entkamen die Feinde in den nahen Wald. Lieutenant Ysenburg***) wurde gefangen.

Ein langer Balken, der liegen geblieben war, hatte den Übergang der Franzosen beim »Hochzoll« erleichtert.†) Immerhin hätte

---
*) Merveldt an Berchem, 11. Juni. K.-A. 1800 2 a.
**) K.-A. 1800 2 a.
***) Als Ersatz für Ysenburg kam Lieutenant v. Grafenstein.
†) „Um 11 Uhr wurde General Merveldt an der Zollbrücke von den Franzosen attakirt. Das Unglück wollte, dafs ein einziger langer Balken liegen blieb und nicht abgeworfen wurde; der Feind profitirte hiervon und setzte in voller Wuth immer mehr und mehr herüber." Major Berchem an Herzog Wilhelm, 13. Juni, K.-A. 1800 V. a.

er bei richtiger Ausnutzung des Flinten- und Geschützfeuers den Franzosen erschwert werden können, was jedoch nicht geschehen zu sein scheint. »Und so war General Merveldt, da er nichts als unsere einzige wenige Infanterie bei sich hatte, genötigt, noch bei Zeiten nach Aichach zu retirieren. Von unseren Leuten, so an beiden Lechbrücken detachiert waren, wurden einige stark blessiert, von Toten weiſs ich noch nichts, auch sind mehrere vermiſst, u. a. der Lieutenant Graf Ysenburg. Lieutenant Büllinger mit 1 Kanone und 50 Mann, so in Lechhausen stand, ist ebenfalls noch nicht hier.«*) Ergänzend meldete Berchem später, am 13. und 15. Juni, daſs Büllinger mit seiner Abteilung und 1 Kanone in der Nacht vom 12. auf den 13. Juni in Aichach zum Detachement gestoſsen, beide Compagnien 4 Blessierte und 16 Vermiſste gehabt und von den letztern 1 Offizier, Lieutenant Graf Ysenburg, nebst 10 Mann in feindliche Gefangenschaft geraten seien.

Von Aichach marschierte Major Berchem anfänglich nach Odelzhausen und als die Franzosen über Eurasburg vorrückten, ging er nach Dachau zurück. Merveldt hatte bei einer Rekognoszierung, die er in der Richtung auf Friedberg unternommen, feindliche Abteilungen überfallen und sich hierauf, als General Decaen seine Vorposten am rechten Lechufer in östlicher Richtung vorschob, hinter Odelzhausen gezogen. Er bestand hier mit seinen 10 Schwadronen und 5 Geschützen ein mehrstündiges rühmliches Gefecht und ging, nachdem der Feind auf seine Rückzugslinie drückte, über Ober-Roth auf Dachau zurück, wo er unter dem Schutze des Detachements Berchem und nach mehrmaligem Einhauen auf die Verfolger, das »beschwerliche« Defilé der Amper passiert. Er zog sich auf München zurück.

Das Detachement Berchem hielt in Dachau den Schloſsberg, sowie das obere und untere Thor besetzt. Am 27. rückten die Franzosen in drei Kolonnen zum Angriff vor. Gegen 5 Uhr Nachmittags begann der Angriff. Der Schloſsberg wurde von den Franzosen genommen, womit die Stellung unhaltbar war, wollte man nicht von der Amperbrücke abgeschnitten werden. Auf dieser Brücke entstand ein derartiges Gedränge, daſs mehr Menschen und Pferde ins Wasser stürzten, als auſserdem in Gefangenschaft gerieten oder Verwundungen erlitten. Die Brücke wurde, nachdem der Übergang bewerkstelligt, abgebrochen. Nachdem Berchem bei der roten Schweige Halt gemacht hatte, brach er mit seinen beiden Com-

---

*) Major Graf Berchem an Herzog Wilhelm, 12. Juni 1800.

pagnien und 2 Geschützen wieder auf, und marschierte, da inzwischen München geräumt worden war, über Erding und Landshut nach Geisenhausen, wo er am 1. Juli bei seinem Regiment einrückte.*)

b) Detachement Landsberg.

Nach Landsberg wurde eine Compagnie abgeschickt, welche aus den Regimentern Kurprinz, Herzog Wilhelm, Herzog Pius und dem Garnison-Regiment zusammengesetzt worden war. Diese kombinierte Compagnie kommandierte Hauptmann v. Sauer vom Regiment Kurprinz; eingeteilt waren Oberlieutenant Steckert vom Regiment Herzog Wilhelm und Lieutenant Reichel vom Regiment Herzog Pius. Sie zählte aufser diesen 3 Offizieren: 1 ärztlichen Praktikanten, 1 Feldwebel, 2 Sergeanten, 1 Fourier, 6 Korporale, 2 Tamboure und 186 Gefreite und Gemeine.**) An Artillerie führte sie 3 Geschütze mit sich.

Am 30. Mai marschierte Hauptmann Sauer über Inning nach Landsberg, wo er oberhalb der Stadt ein Biwak bezog, 6. Juni. Er liefs die Brücke bei Kaufering abtragen.

Als die Franzosen gegen die Wertach vorrückten, schickte Sauer 1 Offizier mit etlichen 30 Mann an die Brücke bei Kaufering, um der österreichischen Kavallerie zur Aufnahme zu dienen. 1 Haubitze und 1 Kanone waren am Lech aufgefahren und hatten, wie Hauptmann Sauer sagt, »viel zu thun, um den Feind in Respekt zu halten.«

Am 11. Juni ging von München eine Verstärkung, bestehend aus 2 Lieutenants,***) 2 Unteroffizieren und 100 Gemeinen »von beiden Regimentern«, ferner 1 Feuerwerker, 6 Kanoniere, 3 Munitionswagen, 1000 Feuersteine nebst 1 Winde »zu den Kanonen« nach Landsberg ab.

Am gleichen Tage wurde dem Major von Ströhl vom Leibregiment das Kommando über das Detachement Landsberg übertragen. Er solle die österreichische Kavallerie in allen ihren Unter-

---

*) Kriegsarchiv 1800 V. a.
Geschichte des k. b. 1. Infanterie-Regiments, 84—86.
Schrettinger, der k. b. Militär-Max-Josephorden, 48—51 und 1021—1024.
Österr. milit. Zeitschrift, 1836, 2 310; 3, 181. 182, 184. 233, 234.
**) Kurprinz: 1 Hauptmann, 1 Praktikant, 1 Feldwebel, 3 Korporale, 1 Tambour, 119 Gefr. und Gem.
Herzog Wilhelm: 1 Oberlieutenant, 1 Fourier, 1 Sergeant, 1 Tambour, 25 Gefr und Gem.
Herzog Pius: 1 Unterlieutenant, 3 Korporale, 25 Gefr. u. Gem.
Garnisonregiment: 1 Sergeant, 17 Gefr. und Gem.
***) Lindner und Barth von Kurprinz.

nehmungen gegen den Feind möglichst unterstützen, solange ihre Operationen diesseits des Lech (rechtes Ufer) geschehen; sollte aber der Feind sich über den Lech zurückziehen, und die österreichische Kavallerie ihn bis über denselben hinaus verfolgen, so kann das diesseitige Kommando nur bis zu diesem Flufs gemeinschaftlich mitwirken, mufs daselbst Halt machen, und weitere Befehle von hieraus erholen.

Am 11. Juni wurde Sauer »mit solcher Übermacht angegriffen, dafs er sich unmöglich, trotz der besten Thätigkeit, zu halten vermochte.« Gedeckt durch österreichische Husaren zog er sich auf Inning zurück; sein ganzer Verlust bestand übrigens nur in einem vermifsten Invaliden. Wildenroth besetzte er mit 100 Mann und 2 Geschützen und Schöngeising mit 30 Mann.*)

Major v. Ströhl meldet am 14. aus Ergartsried an Merveldt: »Den 12. Juni wurde ich beordert mit 160 Mann und 2 Geschützen nach Landsberg zur Verstärkung der schon dort liegenden bayerischen Truppen, die Tags vorher mit 100 Mann verstärkt worden waren, abzumarschieren. Die ersten abgesandten Mannschaften, bestehend in 200 Mann Infanterie, 2 Kanonen und 1 Haubitze mit Bedienung, ferner 26 Mann Kürassiere waren bereits schon bis Inning durch die Übermacht des Feindes zurückgedrängt worden, bevor die Verstärkung von 100 Mann und die meinige von 160 Mann nebst 2 Kanonen sie erreichte. Wir besetzten den Amperflufs und die Gegend bei Wildenroth und Schöngeising in Verbindung mit dem Vorposten-Commandeur Rittmeister Eckart von den österreichischen Husaren. Hierauf Stellung bei Ergartsried.«

Am 16. Juni traf Hauptmann von Schönfeld mit einer Compagnie von der »Legion« in Inning ein.

Das Ströhl'sche Detachement hatte am 17. Juni seine Truppen wie folgt verteilt. Im Lager bei Inning und auf Vorposten bei Stegen an der Brücke: 1 Major und 6 Offiziere, 399 Mann Infanterie; 1 Offizier und 12 Mann Kürassiere; 1 Offizier und 32 Mann nebst 9 Stückknechten und 30 Pferden mit 3 Geschützen und 6 Munitionswagen. Bei Wildenroth: 1 Hauptmann, 1 Unterlieutenant, 202 Mann Infanterie; 1 Unteroffizier und 8 Mann Kürassiere; 1 Unterlieutenant, 1 Feuerwerker, 20 Kanoniere, 3 Stückknechte, 16 Pferde, 2 Geschütze und 2 Munitionswagen. Bei Schöngeising: 1 Oberlieutenant und 54 Mann Infanterie. An diesem Tage nahm der Gegner mit beiläufig 400 Pferden eine Rekognoszierung

---

*) Sauer an Herzog Wilhelm, Inning 11. Juni 1800. K.-A. 1800 V. a.

vor, wobei er bis an die bayerischen Vorposten gelangte; nach einem halbstündigem Geplänkel gingen die Franzosen wieder zurück. Als die Möglichkeit eines raschen Rückzugs in Erwägung gezogen wurde, äufserte sich Ströhl »auf meine wenige Infanterie, mit der ich zwar sehr zufrieden bin, kann ich mich bei einem entstehenden Unglücksfall nicht so gut verlassen, als auf ganz geübte Truppen.«

Nachdem Hauptmann Sauer nach Bruck detachiert worden war, gestaltete sich die Truppenverteilung am 21. Juni wie folgt. Im Lager bei Inning und auf Vorposten zu Stegen an der Brücke: 7 Offiziere, 10 Unteroffiziere, 2 Tamboure, 352 Gefreite und Gemeine der Infanterie; 1 Oberlieutenant, 1 Unteroffizier und 6 Kürassiere; 1 Unterlieutenant, 1 Bataillons-Chirurg, 2 Unteroffiziere, 30 Kanoniere, 9 Stückknechte, 3 Geschütze, 6 Munitionswagen, 30 Pferde. Bei Wildenroth: 1 Oberlieutenant, 1 Unteroffizier, 30 Mann Infanterie und 4 Kürassiere. Bei Schöngeising: 1 Unteroffizier und 20 Mann Infanterie und 3 Kürassiere. Bei Bruck: 3 Offiziere, 7 Unteroffiziere, 2 Tamboure, 185 Mann Infanterie; 1 Unteroffizier und 5 Kürassiere; 1 Unterlieutenant, 1 Chirurg, 2 Unteroffiziere, 20 Mann, 5 Stückknechte, 2 Geschütze, 2 Munitionswagen und 15 Pferde.

Graf Merveldt hatte am 20. bei Taiting und an der Kapelle von Herrgottsruhe französische Feldwachen überfallen und 1 Oberstlieutenant nebst 60 Mann gefangen und 28 Pferde erbeutet.

Hauptmann Larosée verlangte im Auftrage Merveldt's am 20. Juni 60 Mann Kavallerie zur Verstärkung des österreichischen Rittmeisters in Inning. Am folgenden Tag Nachmittags trafen jedoch nur 50 Mann vom Dragoner-Regiment Taxis unter Oberlieutenant von Vieregg in Inning ein, um den Dienst gemeinschaftlich mit den dort stehenden österreichischen Ulanen zu machen. 1 Gefreiter und 3 Mann kamen auf Ordonnanz nach Seefeld, 10 Mann wurden zum täglichen Vorpostendienst verwendet und zwar kamen 4 Mann nach Peyrn, 4 nach Wildenroth und 2 nach Greifenberg. Vieregg beklagte sich, dafs keiner seiner Dragoner allein, sondern immer mit Ulanen vermischt zu stehen komme, und noch keiner seiner Unteroffiziere, sondern blofs jene der Ulanen bis dato (23.) zum Dienst verwendet worden seien.

Nachdem Major v. Ströhl am 28. Juni mit seinem Detachement bei Schäftlarn über die Isar gegangen, marschierte er über Peifs nach Zornolding, wo er am 30. Juni einfraf. In Peifs blieb Oberlieutenant Vieregg mit 30 Dragonern stehen, »teils um in Verbindung mit dem Fürsten Reufs zu verbleiben, als auch den

Feind auf der Strafse nach Kufstein zu observieren und hauptsächlich von allen Bewegungen des Feindes uns sogleich evertieren zu können.«*) Ströhl besetzte den westlichen Eingang von Zornolding mit Infanterie und am östlichen Ende hatte er 100 Mann Infanterie und 1 Schwadron Ulanen aufgestellt; der Rest des Detachements mit den Kanonen stand als Reserve rückwärts des Dorfes in einem Walde. In dem einschlägigen Berichte vom 1. Juli beklagt sich Major Ströhl darüber, dafs sich Leute bei der Legion befinden, welche barfufs laufen, »welches wirklich schon mehrmals grofse Unzufriedenheit bei selben erregt hat. Er bittet um Abhülfe.« Im Lager bei Zornolding am 1. Juli zählte das Detachement an Infanterie: 1 Major, 2 Hauptleute, 4 Lieutenants, 1 Bataillons-Chirurgen, 12 Unteroffiziere, 2 Tamboure, 395 Gefreite und Gemeine;**) an Kavallerie: 3 Lieutenants,***) 6 Unteroffiziere, 61 Mann und 67 Dienstpferde; an Artillerie: 1 Unterlieutenant, 2 Unteroffiziere, 20 Mann, 16 Dienstpferde, 2 Kanonen, 2 Munitionswagen. Die Verbindung mit dem Fürsten Reufs geschah über Holzkirchen, wo seine Vorposten standen, und sich links über Tölz und Tegernsee ausdehnten; Reufs stand in Reutti.

Merveldt stand am 28. Juni auf dem Galgenberg (Marsfeld) bei München und marschierte an diesem Tage, als die Franzosen in München einrückten, um die Stadt zur Isarbrücke und dann nach Parsdorf; seine Vorposten standen bei Riem.

Major Ströhl brach am 8. Juli aus dem Lager bei Zornolding auf und marschierte über Reimehring nach Wasserburg. Am 18. stand er bei Reithmann und am 19. Juli erhielt er Befehl nach Amberg zu marschieren. Am 25. Juli aus Kloster Attel spricht sich General Graf Merveldt lobend über die Leistungen des Detachements Ströhl aus.†) Am 7. August traf das Detachement Ströhl in Cham ein, von wo es bei seinen Abteilungen einrückte.††)

---

*) Kriegsarchiv 1800 V. 6.
**) 1. Compagnie der Legion 1 Major, 1 Hauptm., 2 Unterl., 1 Bat. Chirurg, 4 Unteroffz., 1 Tambour, 153 Gefr. und Gem.
2. Compagnie der Legion 1 Hauptm., 1 Unterl., 3 Unteroffz., 156 Gefr. und Gem. Zugeteilt von Sauer's Comp. 1 Unterl., 5 Unteroffz., 1 Tambour, 86 Gefr. und Gem.
***) Oberlieutenant Vieregg war wieder eingerückt, nachdem er von Ulanen abgelöst worden war.
†) „Aus E. H Meldung von heute entnehme ich mit vielem Leidwesen, dafs Hochdieselben den Befehl erhalten haben, mit ihren unterhabenden Truppen nach Amberg abzurücken und, dafs ich nicht länger die Ehre haben kann, E. H. unter meinem Kommando zu behalten. Ich erstatte daher E. H. insbesondere für die

4. Das Landesverteidigungs - Corps (auch Reserve- und Auxiliar-Corps genannt) unter Herzog Wilhelm in Bayern.

Zur Kompletierung der noch im Lande befindlichen eilf Bataillone*) wurde, nebst den bereits schon gezogenen Landkapitulanten, noch ferner aus einer Klasse von 40 Familien 1 Mann ausgehoben. In den oberen Landen wurden ferner sämtliche verabschiedete nicht ansässige Soldaten konskribiert, und aus denselben eine »Landesdefensionslegion« zu 4 Compagnien in einem Bataillon gebildet, »welche jedoch nur zur Verteidigung der Grenzen der oberen Lande verwendet werden durfte.« Dieses Legions-Bataillon wurde von pensionierten Offizieren kommandiert, was für die Disziplin nicht förderlich war, da diese älteren, oft durch Gebrechen kränklichen Männer nicht die nötige Kraft besafsen, um der zu Excessen geneigten Mannschaft entgegentreten zu können. Uniformiert war die Mannschaft nur insoweit, als sie über ihrer Bauernkleidung einen zwilchenen Überrock, und als Kopfbedeckung einen runden auf einer Seite aufgeschlagenen Hut mit weifs-blauen Federbusch trug. An Löhnung erhielt jeder Mann täglich 12 Kreuzer. Die Erwartung, welche man von der Legion hegte, ging nicht in Erfüllung.**)

Eine besondere Begeisterung für die Sache liefs sich übrigens nicht wahrnehmen, da ein Zusammengehen mit Österreich ohnehin

geleistete Folge, und das bewiesene harmonische Betragen, Eifer und Ordnung im Dienste meinen verbindlichsten Dank mit der Versicherung, dafs ich nicht verfehlen werde, solches bei nächster Gelegenheit S. Kurf. Durchl. anzurühmen. Zugleich ersuche ich E. H. auch Ihren unterhabenden Truppen im Befehl meine Danksagung für den bewiesenen guten Willen und das gute Benehmen bekannt zu machen."

††) (Zu Seite 91.) Seine Stärke betrug damals: 1 Commandeur, Major v. Ströhl.

	Offz.	Bat. Chir.	Untoffz.	Tamb.	Gefr. u. Gem.	Sum
1. Comp. der Legion, Hptm. Stabel,	3	—	3	—	80	86
2. „ „ „ „ v. Schönfeld	2	—	3	—	92	97
Hauptmann Sauer's Compagnie	1	—	5	1	64	71
Kavallerie	3	—	6	—	61	70
Artillerie	1	1	2	—	25	29
1 Stabsoffizier	10	1	19	1	322	353

83 Dienstpferde, 2 Kanonen und 2 Munitionswagen.

*) 2 Bataillone vom Leibregiment, 1 Bataillon Kurprinz, 1 Bataillon Weichs, 1 Bataillon Morawitzky, 1 Bataillon Junker, 1 Bataillon Salern, 1 Bataillon Herzog Wilhelm, 1 Bataillon Herzog Pius, 2 Bataillone Preysing.

**) Schintling, v., Tagebuch von 1787—1824. Auszügliche Bearbeitung, 115, 116.

nicht populär war. Ein grofser Teil der Bevölkerung neigte schon damals auf französische Seite. Es ist daher eine hyperpatriotische Floskel, wenn Völderndorff sagt: »Freudig flogen, beim ersten Ruf, die Bayern zu den Fahnen des Landesvaters«*) denn die Aufgerufenen erschienen nicht immer vollzählig an Ort und Stelle. Ja, im Landgericht Kötzting hatte sich »auf beschehenes obrigkeitliches Vorrufen kein Bursch zur gesetzmäfsigen Kapitulantenauswahl gestellt.« Kavallerie-Abteilungen mufsten die Beitreibung besorgen.**) Ferner wurde die Aufstellung des Corps sehr verzögert, da es an Waffen, Ausrüstungsgegenständen, Monturen u. s. w. mangelte und sich allenthalben eine gewisse Ängstlichkeit bemerkbar machte. Nach den Aufzeichnungen eines Compagnie-Chefs bestand seine Compagnie am 27. Juni 1800 aus 250 unmontierten Bauernburschen mit 2 Offizieren, 3 Unteroffizieren und ebenso vielen altgedienten Soldaten. Mit Gewehr und Säbel konnten sie ausgerüstet werden, dagegen erhielt nicht jeder Mann eine Patrontasche und nur zehn Mann Munition.***) Der gröfste Teil der Compagnie lief barfufs, so dafs sich die Gemahlin des kommandierenden Generals, Herzogin Wilhelm, erbarmte und dem Compagnie-Chef zur Anschaffung von Schuhen für seine Leute 150 Gulden auszahlen liefs.†)

Von einem Generalpardon, der am 23. Juli erlassen worden war, hegte man die Erwartung, dafs viele Ausreifser hiervon Gebrauch machen und reuig zu ihren Fahnen zurückkehren würden. Statt dessen nahm die Desertion beim Landesdefensions-Corps solche Dimensionen an, dafs sich der Kurfürst veranlafst sah am 12. August eine einschlägige Proklamation zu erlassen. Am Schlufs derselben hiefs es: »Bayern und Pfälzer! vergefst nicht die alte Treue und Tapferkeit eurer Voreltern, ahmet das edle Beispiel eurer Waffenbrüder nach (Subsidien-Division), die im letzten Feldzug durch entschlossenen Muth und ausdauernde Disciplin einen ausgezeichneten Ruhm in ganz Europa erworben haben, zeiget dafs ihr würdige Landsleute dieser Braven seyd, und keine Eidbrüchigen und Feige unter euch duldet.«

---

*) Kriegsgeschichte von Bayern 1, 107.
**) Kriegsarchiv 1800 V. 6.
***) Nach der Dotation für das Feuergewehr: 60 Patronen in der Tasche und 60 Patronen im Park. 3 Feuersteine per Gewehr. Auf jedes Bataillonsgeschütz 100 Kugel- und 32 Kartätschenschüsse.
†) Schintling, v., Tagebuch v. 1787—1824. Auszugsweise Bearbeitung, 108, 111.

Zur Mobilmachung dieses Corps waren 729,000 Gulden nötig. Hiervon sollten 500,000 Gulden »aus Unsrer Subsidienkasse«, der Rest durch Kirchen- und Staatsgelder gedeckt werden. In Betreff der 500,000 Gulden behielt sich der Kurfürst seine Rechte gegen die Landschaft vor, welche nach der verfassungsmäfsig hergebrachten Konkurrenz mit $^4/_7$ zu dieser Landesdefensions-Anstalt beizutragen schuldig war. Um Weitläufigkeiten zu vermeiden, sollten 1040 Pferde für Dragoner und Kürassiere durch Lieferanten und »bayerische Landleute« besorgt werden. Zur Bespannung der Geschütze und Munitionswagen mufsten Klöster, Städte und Märkte, Pferde mit Sattel und Geschirr und für jedes Paar Pferde einen Knecht stellen; für den Unterhalt der Knechte und Pferde sorgte der Staat.

Am 31. Mai zählte das Corps zwar schon 7614 Mann mit 1788 Pferden,*) aber sie waren weder diszipliniert, noch exerziert, noch bewaffnet, noch bekleidet. Der Abgang betrug 3059 Mann und 1299 Pferde. Es waren vorhanden: 222 Offiziere, 456 Unteroffiziere, 98 Spielleute und 6838 Gefreite und Gemeine; 212 Offizier- und 1576 »herrschaftliche Pferde«.

Aufser den 11 Linien-Bataillonen und der neuerrichteten Landesdefensions-Legion, befand sich in München noch die gesamte Kavallerie: Kürassier-Regiment Minucci, 2 Dragoner- und 4 Chevaulegers-Regimenter. Das 4. Chevaulegers-Regiment, welches bisher gefehlt, hatte Kurfürst Maximilian Joseph kurz nach seinem Regierungsantritt, d. i. am 25. Februar 1799, durch Vereinigung des bisherigen 2. Kürassier-Regiments und der Zweibrücker-Chevaulegers-Garde errichtet; es erhielt den Namen »Kurfürst« und wurde zum 1. Chevaulegers-Regiment ernannt (nun 4. Chevaulegers-Regiment König). Das bisherige 3. Chevaulegers-Regiment wurde als das älteste, das 2.; das bisherige 2. das 3. und das bisherige 1. das 4. Chevaulegers-Regiment (jetzt 5. Chevaulegers-Regiment).

Das Kommando über dieses Corps behielt sich der Kurfürst zwar selbst vor, er ernannte jedoch am 2. Juni seinen Schwager, Herzog Wilhelm in Bayern, der um Verwendung nachgesucht hatte, zum zweiten Befehlshaber;**) zu Commandeuren der beiden Infanterie-Brigaden wurden die Generalmajore v. Gaza und Graf Nogarolla und zum Commandeur der Kavallerie-Brigade Graf Tauffkirchen ernannt. Oberst v. Riedl wurde Generalquartiermeister. Der »als

---

*) Die Angabe bei Völderndorff, 1, 107, dafs das Corps am 28. Mai 1800 bereits über 12,000 Mann gezählt habe, ist verfrüht.

**) Dem Herzog Wilhelm „die Führung des Kriegs-Kommando unter Uns, am 2. 1. M. specialiter gnädigst anvertraut" Kabinetsordre vom 3. Juni 1800.

Volontär dienende« Oberst Graf Arco und Major Freiherr v. Verger versahen die Funktionen als Quartiermeister-Lieutenants. Der kommandierende General war 1752 geboren und seit seinem 26. Lebensjahr Generallieutenant. 1779 bekleidete er die Stelle eines Gouverneurs von Mannheim. Im Jahre 1799 nach Petersburg geschickt, schlofs er den bereits erwähnten Vertrag von Gatschina. Sein Generalquartiermeister stand im 54. Lebensjahr. Zum Landgeometer erzogen, wurde er im Jahre 1767 Lieutenant und zwei Jahre darauf Hauptmann im Ingenieur-Corps. Nachdem er hierauf rasch nacheinander Kommissär und Direktor im Wasser-, Brücken- und Strafsenbau geworden, verlieh ihm Kurfürst Karl Theodor im Jahre 1796 den Titel eines Obersten der Infanterie mit der Erlaubnis, die Uniform der Offiziere à la suite zu tragen. Im Jahre 1799 war er dem durch Bayern marschierenden Korsakoff'schen Corps als Ober-Marschkommissär beigegeben. Bei Aufstellung des Landesverteidigungs-Corps wurde er zum Generalquartiermeister bei diesem Corps ernannt. Da das Corps eigentlich nichts weiter leistete, als fortwährend in dem Rayon Sulzbach-Altdorf-Beilgries-Kelheim-Regensburg herumzumarschieren, so konzentrierte sich seine ganze Thätigkeit in der Abfassung von Marsch- und Dislokationslisten, wozu sein militärisches Wissen ausgereicht zu haben scheint. Dagegen erwarb er sich um die Gründung und das Gedeihen des topographischen Bureaus und um das bayerische Kartenwesen nennenswerte Verdienste. Er starb 1809 als Oberst im Generalstab, Legationsrat und Direktor des topographischen Bureau. — Generalmajor v. Gaza, geboren 1739, kaufte sich mit achtundzwanzig Jahren eine Hauptmannsstelle, und war im Jahre 1792 Generalmajor, Brigade-Commandeur und Inspekteur der Infanterie. Er galt als einer der tüchtigsten Offiziere des damaligen bayerischen Heeres. In einem mit Geist und Humor geschriebenen Aufsatze*) hat er im Jahre 1788 die Schäden des bayerischen Heerwesens aufgedeckt und auf die Notwendigkeit einer totalen Reform hingewiesen, welche denn auch von dem Grafen Rumford (Thompson) in zu idealer Weise ins Leben gerufen worden ist und deshalb ohne Bestand war. Gaza starb 1805 als Generallieutenant und Präsident des Generalauditoriats. — Graf Nogarolla, ein Veroneser, trat sechszehnjährig im Jahre 1769 als Fähnrich in die bayerische Armee, machte dort alle Grade durch, wurde im Jahre 1794 Generalmajor der Infanterie und

---

*) „Verschiedene Gedanken und Anmerkungen über die damalige Beschaffenheit des kurbayerischen Kriegsstandes 1788."

1798 Kommandant von München, als welcher er sich so vorsichtig benahm, dafs Spottgedichte auf sein Betragen in Umlauf gesetzt wurden. Im Jahre 1804 Generallieutenant, wurde er im folgenden Jahre in aufserordentlicher Mission nach Wien geschickt aber bald darauf, ganz der österreichischen Partei ergeben, mit Pension verabschiedet. Er starb 1827 zu Verona. — Alois Graf Tauffkirchen, geboren 1753, ging 1768 als Kornet bei Taxis Kürassiere zu und war im Jahre 1788 Oberst und Commandeur des Chevaulegers-Regiments Larosée. 1789 adeliger Hofkriegsrat und Departement-Chef. Im Jahre 1790 wieder in die Truppe zurückkehrend, wurde er 1795 Generalmajor und Brigade-Commandeur, 1804 Generallieutenant und Inspekteur, 1818 Chef des Generalauditoriats, 1824 General der Kavallerie; 1829 beabschiedet, starb er 1836.

Am 5. Juni genehmigte der Kurfürst folgende ordre de bataille*) des Landesverteidigungs-Corps:

Commandeur: Generallieutenant Herzog Wilhelm in Bayern.

Generalstabs-Offiziere: Oberst v. Riedl, Generalquartiermeister; Oberst Graf Arco und Major v. Verger Quartiermeisterlieutenants.

1. Infanterie-Brigade: Generalmajor v. Gaza.

Leibregiment	2 Bataillone	10 Compagnien	4 Geschütze
Weichs	1 »	5 »	2 »
Morawitzky	1 »	5 »	2 »
Junker	1 »	5 »	2 »
Salern	1 »	5 »	2 »
	6 Bataillone	30 Compagnien	12 Geschütze.

2. Infanterie-Brigade: Generalmajor Graf Nogarolla.

Kurprinz	1 Bataillon	5 Compagnien	2 Geschütze
Herzog Wilhelm	1 »	5 »	2 »
Herzog Pius	1 »	5 »	2 »
Preysing	2 »	10 »	4 »
Landesdefens.-Leg.	1 »	4 »	2 »
	6 Bataillone	29 Compagnien	12 Geschütze.

Kavallerie-Brigade: Generalmajor Graf Tauffkirchen.

Kürassier-Regiment Minucci	4 Schwadronen
Dragoner, kombiniert	4 »
Chevaulegers, kombiniert	2 »
	10 Schwadronen.

---

*) Kriegsarchiv 1800 VI

Artillerie-Brigade: Oberst v. Hallberg.

4 sechspfünder ⎫
4 zwölfpfünder ⎬ Kanonen
4 siebenpfünder Haubitzen.

Zusammen: 12 Bataillone,*) 10 Schwadronen, 24 Bataillons- und 12 Reserve-Geschütze.**)

»Mit meinem kaum 6000 Mann starken Corps, zumal nur theilweise bewaffnet, montirt, an manch anderem, das Geld selbst nicht ausgenommen, mangelnd, war an Widerstehen jetzt und in jenen Stellungen nicht zu denken, sich hinter die Donau ziehen, die einzige einzuschlagende Partie.«***) Am Abend des 27. Juni brach das Corps von München auf und marschierte über Dorfen, Tauffkirchen und Wartenberg nach Landshut,†) wohin der Kurfürst schon am Morgen vorausgegangen war. »Nun fragt es sich, was mit dieser Masse Menschen von sehr ungleichem Gehalt und Waffenfähigkeiten anzufangen sei.«††) Von Landshut begab sich der Kurfürst nach Straubing, wohin das Bataillon Junker vorausgegangen war. Der Hof wollte in Cham verbleiben; dort wurde es aber der Kurfürstin und ihrem weiblichen Gefolge zu langweilig und Herzog Wilhelm bekam Befehl, mit dem Corps nach der Oberpfalz zu rücken, um die Sicherheit des Hofes zu decken, da in

---

*) Angenommen war: ohne Prima Plana bei 600 Mann 4 und bei 800 Mann 5 Compagnien.

**) Bei jeder Infanterie-Brigade befanden sich von der Artillerie: 1 Hauptmann, 3 Lieutenants, 1 Oberfeuerwerker, 1 Fourier, 1 Tambour und 1 berittener Oberknecht; bei jedem Bataillon 2 Korporäle, 12 Kanoniere, 8 Füsiliere, 6 Stückknechte, 2 sechspfünder Kanonen, 2 Munitionswagen und 16 Pferde. Der Artillerie-Park bestand aus dem Stabe: 1 Oberstlieutenant, Park-Commandeur, 1 Hauptmann, 1 Adjutant, 3 Unteroffiziere und 1 Tambour und 3 Batterien. Die 1. Batterie bestand aus: 2 Lieutenants, 4 Bombardeur-Korporale, 24 Kanoniere, 24 Füsiliere, 4 zwölfpfünder Kanonen, 4 Munitionswagen, 1 berittener Oberknecht, 16 Stückknechte und 40 Pferde. Die 2. Batterie: 2 Lieutenants, 4 Kanonier-Korporale, 24 Kanoniere, 16 Füsiliere, 4 sechspfünder Kanonen, 4 Munitionswagen, 12 Stückknechte und 32 Pferde. Die 3. Batterie: 2 Lieutenants, 4 Bombardeur-Korporale, 40 Bombardeure, 4 siebenpfünder Haubitzen, 4 Munitionswagen, 1 berittener Oberknecht, 12 Stückknechte und 32 Pferde. Ferner war vorhanden: Reserve-Artillerie-Personal, Reserve-Munitionswagen u. s. w.; das Personal bestand aus 1 Major, 4 Subaltern-Offiziere, 12 Unteroffiziere und 112 Stückknechte. K.-A. 1800 V. 6.

***) Aufzeichnungen des Herzogs Wilhelm (herzoglich bayerisches Hausarchiv.)

†) Nach Mussinan, 2, 183, waren dem Kurfürsten gefolgt: 6192 Mann Infanterie, 1731 Mann Kavallerie und 477 Mann Artillerie.

††) Geheimes Staatsarchiv: Notes et remarques ministerielles, 1800.

Amberg die Residenz aufgeschlagen werde. Aber auch von dort trieb die Langeweile wieder fort und zwar nach Bayreuth, unter den Schutz preufsischer Neutralität. Herzog Wilhelm blieb mit seiner Familie in Amberg,*) wo sein Stabsquartier sich in Mitte des kantonierenden Corps**) solange befand, bis der linke Flügel der feindlichen Armee gegen die Oberpfalz vorrückte und der Herzog ihm über Neumarkt entgegenging.***)

Eine zu Amberg am 15. Juli 1800 mit Wickham abgeschlossene Supplementar-Konvention überwies nun auch das „Landesverteidigungs-Corps" an England und verschaffte dem Kurfürsten von Seiten des englischen Kabinets die Gewährleistung aller seiner Besitzungen nach dem Stande vor Beginn des Krieges, sowie einer vollständigen und angemessenen Entschädigung für allenfallsige Verluste, im Fall die Waffenerfolge der Gerechtigkeit der verfochtenen Sache nicht entsprechen sollten. Diese politische Übereinkunft, die erste, zu welcher sich England Bayern gegenüber herbeiliefs, enthielt weitgreifende Zugeständnisse, welche bis dahin nicht hatten gewährt werden wollen. Alles was im ersten Vertrag vom 16. März zu erwirken gewesen, war das Versprechen, die militärischen Operationen soviel wie möglich in der Art zu leiten, dafs Bayern gegen einen Angriff gedeckt bleibe; es mufste also in der That sehr viel daran gelegen sein, Bayern zu gewinnen, um die einem verantwortlichen Ministerium ganz natürliche Zurückhaltung soweit bei Seite zu setzen. Nicht unwahrscheinlich hatte an der zu Anfang bemerkbaren Sprödigkeit auch der Wunsch, dem Wiener Hof nicht zu mifsfallen, seinen Anteil.†)

*) 29. Juni Erding; 2. Juli Teistel am Damm; 3. Mettenbach; 4. Pfaffenmünster; 5. Zinzenzell; 6. Selling (4tägige Rast — Waffenübungen); 11. Altenkreuth; 12. Reichenbach; 13. Seulendorf; 19. wurde eine Dislokation der Corps vorgenommen. Schintling, v., Tagebuch von 1787—1824. Auszugsweise Bearbeitung.

**) Am 8. Juli kam der Herzog Wilhelm nach Amberg, eilte aber nach einer kurzen mit dem Kurfürsten gehaltenen Unterredung zu dem unter seinem Kommando stehenden Landesverteidigungs-Corps nach Cham fort. Am 12. Juli rückte das kurf. Leibregiment als Besatzung in Amberg ein; zugleich kamen einige Schwadronen Chevaulegers und Kürassiere daselbst an, wo sie auf den umliegenden Dörfern kantonierten, mit ihnen der Herzog Wilhelm in Bayern, Befehlshaber der in dasiger Gegend stehenden 11,000 Mann Landesverteidiger. Am Abend des 13. Juli kam die kurfürstliche Reserve-Artillerie nebst andern Truppen in Amberg an. Hubmann, Chronik von Amberg. Manuskript auf dem Stadtarchiv Amberg.

***) Aufzeichnungen des Herzogs Wilhelm (herzogliches Hausarchiv). Aus einem Schreiben des Generalquartiermeisters Oberst Riedl dato Amberg den 6. August 1800 geht hervor, dafs das „Landesverteidigungs-Corps" enge Kantonierungen in der Umgegend von Amberg bezogen hatte. K.-A. 1800 VII—XII.

†) Hier machen die Memoiren Montgelas folgende Bemerkung: „Wenigstens erinnere ich mich in einem Gespräch mit Wickham, welches kurz vor einem seiner Ausflüge nach Wien stattfand, wie aus Zufall den Gedanken hingeworfen zu haben, ob es etwa möglich sei für das bayerische Fürstenhaus ein ansehnliches Königreich am Rhein und in Belgien zu schaffen, wodurch sich für Österreichs weitere Pläne

Unter dem Namen: „Auxiliar-Corps" nahm England infolge dieses Vertrags auch alle jene Truppen in seinen Sold, welche seit Unterzeichnung des Vertrags vom 16. März 1800 ausgehoben wurden, und die sich gegenwärtig unter dem Kommando des Herzogs Wilhelm befanden. Das bezeichnete Auxiliar-Corps wird innerhalb **Bayern, Oberpfalz, Herzogtum Neuburg und Sulzbach agieren**, um jene Distrikte dieser Provinzen zu verteidigen, welche nicht vom Feinde besetzt sind. **Eine andere Verwendung kann nur mit Genehmigung des Kurfürsten geschehen.** Der Sold beginnt mit dem Tage der Unterzeichnung dieser Konvention. Das Weitere, wie am 16. März stipuliert worden. Die Verwendung dieses Corps wird zwischen dem Herzog Wilhelm und dem General en chef der österreichischen Armee in Deutschland geregelt werden. Der Friede von Teschen wird garantiert. **Die bayerischen Auxiliar-Truppen sollen immer vereinigt verwendet, ohne detachiert oder geteilt zu werden;** sie werden stets ein separiertes Corps oder eine eigene Division bilden.*)

Gemäfs dieses Vertrags wurde das »Auxiliar-Corps«, welchen Namen wir von nun an beibehalten werden, unter Herzog Wilhelm gemeinschaftlich mit dem General Klenau, der bei Regensburg stand, zur Deckung der Oberpfalz verwendet. Dem General Klenau hatte der Feldzeugmeister Kray auf seinem Rückzug nach Ingolstadt die Bestimmung erteilt, die Strecke zwischen Altmühl und Donau, im Einvernehmen mit dem Kommandanten von Ingolstadt, solange als möglich zu behaupten, bei einem ferneren Rückzug der Armee aber nur bei dem Andrange einer Übermacht Regensburg zu erreichen.**) Schon am 12. Juli hatte General Klenau aus Stadtamhof dem Herzog Wilhelm die Standtabelle mit der Meldung überschickt, dafs er unter seinen Befehlen stehe. Der Herzog erwiederte ihm hierauf aus Amberg den 15. Juli, dafs er die Standtabelle nicht annehmen könne, da noch keine Übereinkunft wegen Vereinigung stattgefunden.***) Dagegen wurden am 16. Juli 3 Bataillone: 2. Bataillon des Leibregimentes, Morawitzky und Junker unter Oberstlieutenant Graf Marsigli nach Stadtamhof mit dem Auftrage geschickt, den Befehlen Klenau's genauestens nachzukommen, somit auch gegen den Feind sich nach Anweisung gebrauchen zu lassen. Sollte aber Regensburg und die diesseitigen Lande vor Feindesgefahr hinreichend gesichert sein, oder General Klenau zum Rückzug gezwungen werden,

---

mehr Spielraum gewinnen liefse. Er sprach hierüber mit Baron Thugut und erzählte mir nach seiner Rückkehr, dafs dessen Züge bei dieser Eröffnung vor Freude gestrahlt hätten und er ihm eingestanden habe, er halte den Gedanken für einen um so glücklicheren, als nach seiner Überzeugung die beiden Dynastien, in der Art wie sie einander gegenübergestellt seien, nicht fortbestehen könnten."
*) Martens, Recueil, Suppl. 2, 264, 268 (2. Ausgabe 6, 715 und 719) verglichen mit dem Original auf dem Geh. Staatsarchiv in München.
**) Österreichische milit. Zeitschrift, 1836, 3, 231.
***) Kriegsarchiv 1800 V. 6.

so hat sich der kommandierende Stabsoffizier mit seinen 3 Bataillonen von dem k. k. Corps zu trennen und im letzteren Falle auf dem kürzesten und sichersten Weg sich zu diesseitigem Corps wieder zu begeben.*) Schon am andern Tag, 17. Juli, wurde das Detachement wieder abberufen. Beide Abteilungen, »Auxiliar-Corps« und Klenau, standen nebst dem General Simbschen der gallo-batavischen Armee unter General Augereau gegenüber, welche auf dem linken Donauufer zu operieren bestimmt war. Der Subsidien-Angelegenheiten wegen befanden sich zwei englische Kommissäre, Obersten Hope und Wood, im Stabsquartier des Herzogs, zu welchem später noch der österreichische Oberst Prohaska kam. Oberst Hope hatte überdies die Funktion des aufserordentlichen Gesandten Drake zu versehen.

Bereits am 1. September begann Oberst Wood mit der Musterung des »Auxiliar-Corps«. Sie geschah an drei Tagen und zwar am 1. Tage (1. Septbr.) bei Köfering und Kastel; am 2. Tage (2. Septbr.) bei Schwarzenfeld und Schwandorf; am 3. Tag (3. September) bei Hahnbach, Sulzbach und Rosenberg.**) Am 1. September zählte das Auxiliar-Corps 537 Offiziere, 12,752 Mann vom Feldwebel abwärts, 1242 Offizier- und 1138 Dienst-, Reit- und 580 Zugpferde.***)

Am 11. September erhielt Herzog Wilhelm auf mehrmaliges Drängen nachfolgende vom 8. September datierte Instruktion,†) welche also lautete:

„Dem General-Kommando Unseres Auxiliar-Corps sind die mit Seiner Königlichen Grofsbritanischen Majestät dahier in Amberg unterm 15. Juli geschlossene Konvention, sowie die damit in Verbindung stehenden Artikel Unseres Allianz- und Subsidientraktates zu seiner Wissenschaft und Nachachtung schon

---

*) Kriegsarchiv 1800 VII—XII.
**) Kriegsarchiv 1800 VII—XII. Schon unterm 12. August hatte Oberst Wood dem Herzog Wilhelm hiervon verständigt. Nach dem Tagebuch des Obersten v. Schintling (auszugsweise Bearbeitung 113) wäre das Corps am 3. September bei Schwarzenfeld zusammengezogen worden, um durch einen englischen Kommissär gemustert zu werden. Es sei bis 8. September in seinen bisherigen Quartieren liegen geblieben und am letzteren Tage nach Regensburg aufgebrochen. Er giebt ferner an, dafs bei Gelegenheit dieser Musterung die kurpfälzischen und niederländischen Offiziere unter die bayerischen Regimenter aufgenommen worden seien, zum grofsen Nachteil der bayerischen Offiziere, da die Pfälzer u. s. w. im Dienstalter ihnen voran waren; infolge dessen wirft er den aus diesen hervorgegangenen Generalen und Stabsoffizieren die Begünstigung ihrer Landsleute vor, während die Bayern unterdrückt worden sein sollten. Schintling mag Recht haben, denn noch in späteren Jahren machte sich diese Überhebung hier und da bemerkbar.
***) Siehe Anmerkung auf der nächsten Seite.
†) Kriegsarchiv 1800 V. 6.

bereits mitgetheilt worden. Aus diesen wird derselbe sich überzeugt haben, dafs Unsere einzige Absicht bei Schliefsung dieser Traktate dahin gerichtet war:

a) in Stand gesetzt zu werden, Unsere verlorenen Erbstaaten wieder zu erobern;

b) eine festere Garantie für die Erhaltung der Integrität Unseres Hauptlandes zu bewirken;

c) den Schutz eines der mächtigsten und wirksamsten Höfe zu erlangen, ohne dessen Einflufs ein dauerhafter Friede kaum wird geschlossen werden können und der allein vollwichtige Kompensationen dereinst in die Wagschaale legen kann;

d) das Interesse solcher Staaten mit den Unsrigen zu verbinden, an welche diese durch ihre geographische Lage ohnehin angezogen werden, und wo unzeitige Trennung von ihnen die gefährlichsten Folgen für Unsere ganze politische Existenz haben könnte — die eine durch Jahrhunderte befestigte Verfassung haben und die dem beständigen Wechsel eines revolutionären Gouvernements nicht unterworfen sind; endlich

e) Uns ausreichende Mittel zu verschaffen, bei dem gegenwärtigen kritischen Zeitpunkte bewaffnet bleiben zu können, um nicht in die alte Nullität zurückzufallen, wo man jedem Preis gegeben ist und von der Politik des Übermächtigen willkürlich abhängt.

***)

Abtheilung	Offiziere	Vom Feldwebel abwärts	Offizierpferde	Dienstreitpferde	Zugpferde	Namen der Kommandeure
Generalstab	29	19	159	6	„	
Leibregiment	51	1410	85	„	„	Oberst von Ow.
Weichs	25	764	40	„	„	Oberstlieutenant Drouin.
Morawitzky	26	806	41	„	„	Oberstlieutenant Molitor.
Junker	27	957	42	„	„	Oberstlieutenant Graf Marsigli.
Salern	26	950	43	„	„	Oberst von Herman.
Kurprinz	26	850	43	„	„	Oberst Graf Serego.
Herzog Wilhelm ..	29	1011	46	„	„	Oberstlieutenant Wagner.
Herzog Pius	29	1047	45	„	„	Oberstlieutenant v. Neumann
Preysing	48	1118	80	„	„	Oberst von Gaugreben.
Legion	22	471	38	„	„	Oberst von Massenbach.
Depot der Infanterie	56	465	111	„	„	Oberst von Mylius.
Kürassiere	25	604	112	358	„	Oberst Graf Minucci.
Dragoner	25	542	114	376	„	Oberst Graf Zedtwitz.
Chevaulegers	14	304	59	292	„	Oberst von Zandt.
Depot der Kavallerie	32	609	89	83	„	Oberst von Brusselle.
Artillerie	37	556	67	„	„	
Fuhrwesen	4	209	13	„	3 580	
Feldspital	15	39	15	„	„	
Profosenamt	1	21	„	20	„	
	537	12752	1242	1138	580	

Geheime Staatsarchiv, Korrespondenz mit Herzog Wilhelm.

Diese Beweggründe und die übrigen politischen Verhältnisse Europens haben Uns bestimmt, die bemerkten Traktaten einzugehen. Darnach glauben wir den ursprünglichen Zweck Unseres Landesdefensions-Corps nicht geändert zu haben, da Wir dasselbe als Auxiliar-Corps in Sold S. K. Grofsbrit. Maj. gegeben haben, besonders, da dieses aufser den Grenzen Seines Vaterlandes zu dienen nicht gezwungen werden kann, wenn Wir nicht selbst solches für nützlich erachten, und in keinem Fall für ein fremdes Interesse, wo nicht das Unserige zugleich damit befördert wird, verwendet werden darf.

Das General-Kommando dieses Unseres Auxiliar-Corps hat demnach vor allem:

1. Die Offiziere sowohl als die Gemeinen aus diesem Gesichtspunkt über ihre wahre Bestimmung zu belehren und mit thätigster Sorgfalt allen Mifsverständnissen und boshaften Verleitungen nachdrucksamst vorzubeugen, zu welchem Ende demselben anliegende zwei Proklamationen zugeschlossen werden, von welchen in dem Augenblick des Vorrückens gegen den Feind der zweckmäfsige Gebrauch zu machen ist. Offizieren ist alles politische Räsonieren und alle auf die politischen Begebenheiten der Zeit Bezug habende Korrespondenz, besonders in die vom Feinde occupirten Gegenden, auf das schärfste zu untersagen und gegen die Übertreter nach der Strenge der Gesetze, zum warnenden Beispiel anderer, zu verfahren.

2. Ist zu wachen, damit den Truppen von den englischen Lieferanten die gehörige Verpflegung geliefert werde. Sollten sich Gebrechen dabei zeigen, so sind solche Uns sogleich mit den gehörigen Belegen anzuzeigen, damit Wir ihre Abhülfe schleunigst bewirken können.

3. Die vorzügliche Verwendungsart dieser Truppe und ihr Zweck sind in dem Eingang und den Artikeln 2, 6 und 7 der angeführten Konvention bestimmt; dennoch soll dieselbe zwar der Regel nach nur in einer Masse vereinigt und nie getrennt gebraucht, noch einer andern Truppe einverleibt werden, worauf auch zu bestehen ist. Indessen können Wir geschehen lassen, dafs entweder nach einem übereingekommenen Hauptplane auf einige Zeit ein Theil derselben detachirt oder zu schleunig nothwendig werdenden wechselseitigen Unterstützungen abgegeben werden, wenn nur die Vereinigung mit dem Haupt-Korps wiederum bewirkt werden kann und keine zweideutigen Absichten wahrzunehmen sind. Ebenso

4. soll dieses Korps nicht aufser den in der Konvention bezeichneten Grenzen geführt werden dürfen; daher mufs sein Hauptzweck die Vertheidigung desjenigen Theils unserer Lande sein, welche vom Feinde noch nicht occupirt sind. Müfste aber der Übermacht gewichen werden, so erfordert die Nothwendigkeit, solange auf fremdem Boden Position zu nehmen, bis das verlorene erste Terrain wiederum erobert ist, oder andere Ordres von Uns eintreffen, denn das Corps mufs irgendwie physisch existieren — oder sich auflösen. In diesem unglücklichen Falle ist aber besondere Sorge zu tragen, damit dasselbe soviel nur immer möglich ist, in einer Masse unter seinem eigenen Kommando zusammengehalten und nicht zu fremden Absichten verwendet werde. Was

5. die Inspektion der Truppe durch englische Kommissäre, die Verificirung ihrer Bedürfnisse, sowie der Ersatz der im Felde verlorenen Artillerie, sonstigen Bewaffnungsstücken und Kriegseffekten betrifft, so sind darüber in den angeführten Traktaten hinreichende Bestimmungen enthalten, auf welche Unser General-Kommando als die Hauptrichtschnur seines Verhaltens hingewiesen wird.

Da das General-Kommando Unseres Auxiliar-Korps einem Fürsten Unseres Hauses anvertrant ist, der durch die engsten Bande an Unsere Erbstaaten und an Unsere Person geknüpft ist, der Uns schon so manche musterhafte edle Beweise gegeben hat, dafs Er zu befehlen und gehorchen wisse, der mit Unsern Planen und patriotischen Absichten innigst vertraut ist, so wäre es überflüssig, Demselben eine weitere Instruktion zu ertheilen, als Ihm wiederholt zu sagen: **Es wird um die Wiedereroberung Unserer Stammlande, um eine ehrenvolle Fortdauer Unserer politischen Existenz gekämpft; es gilt um den Ruhm der Kurpfalzbayerischen Waffen."**

Ein Nachtrag vom 11. September enthielt noch Folgendes: „Wir finden Uns bewogen, den für das General-Kommando Unseres Auxiliar-Korps unterm 8. dieses Monats erlassenen Instruktion noch folgendes beizusetzen:

1. Da der glückliche Erfolg der meisten Militär-Operationen von raschen Entschlüssen und oft augenblicklich zu benutzenden Umständen abhängt, und keine ängstliche, verzögernde Anfragen duldet, so ertheilen Wir dem General-Kommandanten Unseres oben erwähnten Korps aus besonderem Vertrauen volle Gewalt, sowohl rücksichtlich des Entwurfes als der Ausführung desselben mit Hinsicht auf Unsern ihm bekannten Hauptzweck nach eigenen Einsichten und Ermessen jedesmal zu handeln.

2. Über alles was auf den Dienst Bezug hat, sind die Berichte allein an Uns selbst unmittelbar, über die beschlossenen, oder das Resultat der ausgeführten Operationen eben sowohl als alle übrigen auf Unser Interesse Bezug habenden Begebenheiten, an den Minister Unseres auswärtigen Departements sub volante an Uns zu erstatten." —

Bevor noch Herzog Wilhelm in den Besitz dieser Instruktion gelangt war, hatte in Burglengenfeld eine Berathung in Betreff des Operationsplanes stattgefunden. Der Herzog spricht sich hierüber wie folgt aus: »Von einer Epoche auf die andere verwiesen (in Betreff der Instruktion), wäre ich endlich bei einem unausweichlichen Zusammentritt in Burglengenfeld zur Entwerfung des nächsten Operationsplans mit dem General Klenau und den englischen Gesandten Dracke und Oberst Hope aufgetreten, ohne einmal zu wissen, was ich leisten sollte oder dürfte, hätte ich mir diefs in der Hauptsache nicht erinnert aus dem flüchtigen Durchlesen des betreffenden Theils der Convention, welches der Kurfürst bei der Vollziehung mir gestattet hatte. Bei der Berathschlagung hatte ich obgedachtermafsen meinem Gedächtnifs gemäfs, meine Äufserungen abgegeben. Der Plan wurde vorgelegt, weitläufig besprochen und einmüthig angenommen; einig und zufrieden gingen alle auseinander. Der Waffenstillstand wurde verlängert und folglich die abgeredete Bewegung nicht ausgeführt.«*)

Unterdessen war das »Auxiliar-Corps«, welches am 8. September aus seinen Kantonierungen aufgebrochen, an die Donau marschirt und hatte sich dort mit Klenau vereinigt; es besetzte die zunächst

---

*) Aufzeichnungen des Herzogs Wilhelm. Herzogliches Hausarchiv.

dieses Stromes gelegenen Ortschaften, dabei den Fluſs durch Sicherheitstruppen beobachtend.*) Nachdem es bis Kelheim vorgerückt war, ging es nach Pointen, dabei die Höhen am linken Donauufer besetzt haltend.**) Ein Detachement, bestehend aus 210 Pferden (80 Kürassiere, 80 Dragoner und 50 Chevaulegers) kam nebst 2 zwölfpfünder Kanonen und 2 Haubitzen nach Hemau, wo es unter die Befehle des Generalmajor Nogarolla trat: »pour servir d'après le concert entre le dit général et Mr. de Klenau.«***) Hierauf rittlings auf die Straſse Nürnberg-Regensburg gestellt, wurde es nach Publikation der Waffenstillstandsverlängerung von Stadtamhof bis Sulzbach echelonirt. Schon am 10. September hatte Graf Dietrichstein vom Kurfürsten verlangt »er solle augenblicklich die ohnehin schon nach Neumarkt bestimmten Bataillone oder wenigstens 6 davon, im stärksten Eilmarsche über Ensdorf und Burglengenfeld nach Kelheim dergestalt beordern, daſs selbe in letzterem Orte Morgen den 11. eintreffen.«†)

Die gallo-batavische Armee war einige Tage vor Ablauf des Waffenstillstandes aus ihren Kantonierungen im Limburgischen und zwischen Lahn und Nidda aufgebrochen. Sie bestand aus den Divisionen Duhesme (7 Bataillone, 16. Dragoner-Regiment 300 Pferde, 1 Compagnie Artillerie), Barbou (6 Bataillone, 4. Dragoner-Regiment 500 Pferde, 2 Compagnien Artillerie) und Dumonceau (batavische Division: 9 Bataillone, 2 Schwadronen Husaren) und einer Kavallerie-Reserve zu 4 Schwadronen unter General Treilhard; Generalstabs-Chef war General Andréossy und Commandeur der Artillerie General Macors. Nachdem Augereau die Nidda überschritten hatte, löste die Division Barbou jene des Generals Souham in Frankfurt ab. Souham gehörte zum Corps des Niederrheins unter Sainte-Suzanne und bildete dessen äuſsersten linken Flügel. Diese Bewegung Augereau's veranlaſste Albini die Stadt Aschaffenburg zu räumen, wo die Franzosen am 11. September einzogen. Die französische Avantgarde ging sofort durch den Spessart und besetzte Lohr, Triefenstein und Miltenberg; sie schob Posten bis Gemünden und Saalmünster vor; die Kavallerie stand bei Gelnhausen. Augereau war eben im Begriff die Feindseligkeiten zu eröffnen, als der Waffenstillstand in Hohenlinden, 20. September, verlängert wurde. Die

---

*) Gerneth, Geschichte des 5. Infanterie-Regiments, 592, 593.
**) Schintling, v., Tagebuch, 113, 114, 115.
***) Das Detachement hatte Oberst Hope, Amberg 20. September, verlangt. K.-A 1800 VII—XII.
†) Kriegsarchiv 1800 VII—XII.

gallo-batavische Armee kehrte hierauf in ihren Kantonierungen an die Nidda zurück.

Am 6. Oktober bezog das »Auxiliar-Corps« zur Verbindung zwischen dem General Simbschen in Franken und dem bei Regensburg stehenden Grafen Klenau nachfolgende Quartiere: Corpsstab: Amberg. 1. Infanterie-Brigade, Stab: Sulzbach; Leibregiment 1. Bataillon Sulzbach, 2. Bataillon Amberg; Bataillon Weichs Auerbach; Morawitzky Dietfurt; Junker Kastel; Salern Hohenburg; kombiniertes Depot Grafenwöhr. 2. Infanterie-Brigade, Stab: Fronberg bei Schwandorf; Bataillon Kurprinz Schwandorf; Herzog Wilhelm Schwarzenfeld; Herzog Pius Cham; Regiment Preysing 1. Bataillon Regenstauf, 2. Bataillon Kalmünz; Legion Pruck. Kavallerie-Brigade, Stab: Amberg; Minucci Kürassiere, 4 Schwadronen Neumarkt; kombinierte Dragoner 4 Schwadronen: Hirschau, Luhe, Wernberg, Wildenau, Weiden; kombinierte Chevaulegers, 2 Schwadronen, ferner Depot und unbrauchbare Pferde: Weiden, Freistadt, Hilpoltstein, Allersberg. Artillerie-Brigade Rosenberg (bei Sulzbach). Lazarette Ensdorf, Eltmannsdorf, Gnadenberg, Seligenporten, Vohenstraufs und Winklarn.

Im Laufe des Oktober war bekanntermaßen die »Kontingents-Brigade« unter Generalmajor v. Bartels zum »Auxiliar-Corps« gestoßen, wodurch demselben eine Vermehrung geübter und kriegserfahrner Truppen zuging. Es waren die Bataillone Weichs (2. Bataillon) und Salern, welche in Ulm, und 1. Bataillon Pius, das längere Zeit in Philippsburg gestanden; namentlich hatte sich das Bataillon Pius bei den verschiedenen Unternehmungen der Franzosen auf Philippsburg i. J. 1799, wie wir gezeigt, rühmlich hervorgethan. Die Bataillone Weichs und Salern kamen nach Kemnath; Bataillon Pius nach Falkenberg. Von Falkenberg aus mußte das Bataillon Pius die böhmischen Lehensherrschaften Reuth und Premenreuth durch Detachements besetzen lassen, um dem Kurfürsten von Bayern seine landeshoheitlichen Rechte in den einschlägigen Orten gegen Österreich zu sichern. Beim Einmarsch der bayerischen Detachements wurde die bisher dort gestandene österreichische Kordonmannschaft abberufen.*)

Am 15. November betrug die Stärke des Corps: 12,648 Mann und 2620 Pferde und jene der »Kontingents-Brigade« 2721 Mann, somit zusammen: 15,369 Mann mit 42 Geschützen.**)

---

*) Gerneth, 594.
**) Siehe Anmerkung auf der nächsten Seite.

Am 18. November befand sich das „Auxiliar-Corps" in folgenden Stellungen. **Stabsquartier** in Amberg. **Die 1. Infanterie-Brigade** (Lupburg) und zwar das Leibregiment in Sulzbach und Amberg, Bataillon Weichs in Sulzbach und Revier, Morawitzky in Beratzhausen u. R., Junker in Kalmünz u. R., Salern in Laber u. R., Depot in Grafenwöhr. **2. Infanterie-Brigade** (Schwandorf) Bataillon Kurprinz in Burglengenfeld u. R., Wilhelm in Schwarzenfeld, Pius in Schwandorf u. R., Preysing in Regenstauf, Legion in Rieden. **Kavallerie-Brigade** (Amberg) Minucci Kürassiere, 4 Schwadronen, in Hirschau u. R., Dragoner, 4 Schwadronen, Kastel u. R., Chevaulegers, 2 Schwadronen, Hohenburg u. R. **Depot** in Weiden. **Corps-Artillerie** (Habnbach) in Schwarzenfeld. **Lazarette** in Waldau, Vohenstrauſs und Tirschenreut.

*)

Abtheilung		Bat	Komp.	Effektivstärke	Sollstärke	Geschütze	Bemerkung
1. Infanteriebrigade.	Leibregiment ...	2	10	1368	2183	4	
	Weichs	1	5	800	1088	2	
	Morawitzky ...	1	5	831	1088	2	
	Junker	1	5	986	1088	2	
	Salern	1	5	940	1088	2	Depot d Infanterie 299 M.
	Summa:	6	30	4925	6535	12	
2. Infanteriebrigade.	Kurprinz	1	5	820	1096	2	
	Herzog Wilhelm	1	5	1010	1097	2	
	Herzog Pius ...	1	5	1053	1088	2	
	Preysing	2	10	1131	2183	4	
	Legion	1	4	491	705	2	
	Summa:	6	29	4505	6169	12	

			Schwd.	Mann	Pferde	Mann	Pferde	
Kavalleriebrigade.	Kürassierregiment	1 Regt.	4	598	523	602	584	
	Dragoner	1 komb Regt.	4	556	549	602	584	Depot der Kavallerie: 627 Mann 131 Pferde.
	Chevaulegers ...	„	2	301	292	301	292	
	Summa:		10	1455	1364	1505	1460	

Artillerie				566	566		4 Sechspfünder und 4 Zwölfpfünder Kanonen u. 4 Siebenpfd. Haubitzen.
Fuhrwesen				271			

Kontingentsbrigade.	Salern	1	5	899		2	
	Weichs	1	5	799		2	6 Geschütze
	Pius	1	5	949		2	
	Artillerie			74			
	Summa:	3	15	2721			

Simbschen, welcher am 21. November in Neuhof stand, schrieb an diesem Tage an Herzog Wilhelm: »Um die gestern noch in Aschaffenburg gestandene Mainzer Truppe unter Albini nicht gänzlich zu verlassen, und mit der Festung Würzburg die Kommunikation nicht gleich zu verlieren, so bin ich genöthigt mit dem Gros meiner Division hinter Bamberg aufzustellen, und solche nach und nach zu sammeln!« Bei Roth hatte Simbschen ein »Streif-Kommando« stehen. Aufser den mainzischen (Aschaffenburger) Subsidien-Truppen befand sich auch das »würzburgische Subsidien-Regiment« bei der Division Simbschen.

Um Simbschen und Klenau unterstützen zu können, nahm das Corps am 22. November eine koncentrierte Stellung bei Neumarkt. Während von der 1. Infanterie-Brigade das Leibregiment und das Bataillon Weichs in Amberg und Sulzbach verblieben, mufste das Bataillon Morawitzky nach Deining, Junker nach Velburg und Salern nach Parsberg marschieren. Die ganze 2. Infanterie-Brigade besetzte Neumarkt. Von der Kavallerie-Brigade rückte das Kürassier-Regiment nach Illschwang, die Dragoner nach Neumarkt, die Chevaulegers nach Allersberg und die Artillerie-Reserve nach Kastel. Diese Bewegung war schon vollzogen, als auf Grund einer neuen Disposition das Corps in die Linie Sulzbach-Regenstauf zurückgehen mufste.*) Es bezog folgende Kantonierungen:

1. **Infanterie-Brigade.** Stab in Sulzbach. Leibregiment 1. Bataillon Amberg, 2. Bataillon Sulzbach. Weichs in Sulzbach und Rosenberg. Morawitzky in Kastel. Junker in Hahnbach. Salern in Neukirchen. Depot in Grafenwöhr. 2. **Infanterie-Brigade** Stab: Schwandorf. Kurprinz in Burglengenfeld. Herzog Wilhelm in Schwarzenfeld. Herzog Pius in Schwandorf. Preysing 1. und 2. Bataillon in Nabburg. Legion Rieden. **Kavallerie-Brigade:** Kürassier-Regiment Minucci stand bei Weigendorf und unterhielt die Verbindung mit Lauf, wo Major Graf Wartensleben von Blankenstein-Husaren stand. Die Dragoner besetzten Neumarkt und wurden durch das in Kastel stehende Bataillon Morawitzky unterstützt. Die Chevaulegers lagen westlich Neumarkt: in Pölling, Stauf, Berngau, Seligenporten, Reichertshofen. Die Dragoner zu Neumarkt dienten den Chevaulegers zur Unterstützung. Die **Artillerie-Reserve** kam nach Schwarzenfeld; sie mufste 2 zwölfpfunder Kanonen und 2 Haubitzen für die Infanterie nach Sulzbach abstellen. Die »Kontingents-Brigade« besetzte Hirschau und Schnaittenbach.

---

*) Gerneth, 595.

Der Wiederausbruch der Feindseligkeiten stand bevor. Nach dem französischen Kriegsplane sollte Augereau die Regnitz erst dann besetzen, wenn Moreau den Inn überschritten haben würde; er sollte alsdann Parteien gegen Böhmen vorgehen lassen, um den Gegner zu beunruhigen, ohne sich jedoch zu kompromittieren. Augereau beklage sich zwar und das mit einigem Rechte über die Schwäche seines Corps; es sei aber unmöglich für den Augenblick Abhülfe zu schaffen.*) General Klenau hätte damals, verstärkt durch das »Auxiliar-Corps«, bei Winzer über die Donau gehen und von da aus, Ingolstadt rechts lassend, den feindlichen linken Flügel im Rücken angreifen sollen. Lauer rechnete darauf, dafs Simbschen und Szenkeresti, sowie die Citadelle Marienberg bei Würzburg, hinreichen würden, den General Augereau abzuhalten, an die Regnitz vorzugehen.**)

Bei der gallo-batavischen Armee war der Waffenstillstand schon am 9. November aufgekündigt worden. Augereau hatte am 25. November die Feindseligkeiten eröffnet, indem er an diesem Tage Aschaffenburg dem Mainzer Landsturm abnahm. Albini ging hierauf nach Fulda zurück und erschien nicht mehr auf dem Kriegstheater. Während die Divisionen Duhesme und Barbou gegen Schweinfurt vorgingen, rückte die Division Dumoncean vor Würzburg; letztere erzwang eine Kapitulation, derzufolge ihr die Stadt Würzburg ausgeliefert wurde; Mainviertel und Citadelle blieben im Besitz der Österreicher. Feldmarschal-Lieutenant Simbschen, 10,756 Mann stark, stand bei Burgebrach, auf der Strafse Würzburg-Bamberg; seine Patrouillen streiften bis Zeil am rechten Mainufer. In der Meinung, die ganze gallo-batavische Armee vor sich zu haben, gab Simbschen seine Stellung am linken Regnitzufer auf und zog sich in der Richtung auf Hersbruck zurück. Augereau ging bis an die Regnitz und besetzte Bamberg und Forchheim; seine Patrouillen kamen bis Nürnberg.

In Betreff des Operationsplanes schrieb Feldmarschall-Lieutenant Klenau am 26. November aus Burglengenfeld an Oberst Hope:

„D'après le resultat de la conférence tenue au sujet des opérations combinées du corps auxiliaire et de la grande armée I. et R. vue que les ordres que j'ai reçus jusqu' ici du quartier-général m'obligent à rester près du danube pour être comme corps mobile a portée de l'un et de l'autre, je consens à céder pour le

---

*) Carnot an Moreau, 2. Septbr. 1800. Mémorial général du dépôt de la guerre, 5, 203, 204.
**) Mémorial générale etc. 5, 155.

service et la sûreté du corps auxiliaire, dans sa premiére position de Sulzbach et Amberg, et en dernier lieu, Schwarzenfeld, une division de cavallerie legère sous le commandement du lieutenant-colonel Prokofsky des ulans, qui aura le commandement des avantpostes de l'aile gauche, dont le point central sera Hemau, les operations de la grande armée pouvant m'obliger de passer le danube, je me vois d'un autre côté dans la nécessité de demander du corps auxiliaire 3 bataillons à ma disposition, qui puissent etre employés, tant au soutien du poste de Hemau, que pour couvrir le point de Stadtamhof ou Ratisbonne même, et assurer notre communication."

Herzog Wilhelm sprach sich hierbei wie folgt aus:*) „D'accord avec Mr. de Klenau sur l'utilité de la réunion de nos forces sur la rive gauche du danube, j'y porte sur le champ la brigade du général Nogarolla et je dirigerai vers ce même but le reste du corps auxiliaire, du moment, que le courier envoyé a Mr. de Simbschen m'aura appris le parti auquel ce général se sera déterminé, d'aprés la requisition, que nous lui avons faite en commun, et même encore avant, si les circonstances deviennent tellement pressantes, que l'on ne puisse attendre d'avantage le dit courrier, sans compromettre la sureté de mon corps ici. Vous invitaut, Mr., à vouloir bien prendre sur Vous la responsabilité vis-à-vis du général de Simbschen, si dans ce cas — là il se trouvait avoir fait en partie d'après ma requisition une marche qui ne le menât pas au but proposé."

Die 3 Bataillone, welche Klenau von dem Herzog Wilhelm begehrt hatte, stellte dieser von dem Einflufs der Naab in die Donau bei dem Dorfe Marienroth angefangen bis nach Burglengenfeld. Generalmajor Nogarolla, welcher sein Stabsquartier in Etterzhausen genommen, verteilte hierauf seine Brigade am 29. November folgendermafsen. Das Bataillon Kurprinz und die Legion rückten nach Kalmünz; Bataillon Herzog Wilhelm nach Beratzhausen; Bataillon Herzog Pius nach Etterzhausen und Regiment Preysing nach Burglengenfeld. »Durch diese Stellung hinter dem Naabflufs« — sagt Generalmajor Nogarolla — »kann ich um so leichter die Altmühl observieren, und meine Streitkräfte bei den drei Brücken: Etterzhausen, Kalmünz und Burglengenfeld, die über diesen Flufs führen, am leichtesten sammeln. Zum Vorpostendienst ist mir der österreichische Oberstlieutenant Prokofsky von Merveldt Ulanen mit 1 Schwadron Ulanen und 1 Schwadron Kaiser Husaren, dann eine Grenadier-Compagnie von Roverea Schweizer nebst einer Schützen-Abteilung beigegeben. Ebenso ist mir $^1/_2$ Batterie nebst einem Artillerie-Offizier zugewiesen worden. Von Burglengenfeld bis nach Stadtamhof steht die Brigade des Obersten von Raglovich von den schwäbischen Kreistruppen. Die Vorposten Klenaus befinden sich bei Abach.«*)

---

*) Herzog Wilhelm an Oberst Hope, 28. November.
**) An Herzog Wilhelm, dato Etterzhausen 30. November 1800.

Am 30. November Abends liefs Souham — er stand mit seiner Division vom »niederrheinischen Corps« dem General Klenau gegenüber — Beilngries mit 800 Mann Infanterie besetzen, schob 2 Schwadronen Husaren im Sulzthal bis Blankstetten vor und trieb die dort stehenden österreichischen Vorposten bis Berching zurück, von wo sich letztere auf Hemau zogen.*)

Nachdem der Feind am 25. November Regensburg geräumt hatte, und am 28. die Feindseligkeiten bei den Haupt-Armeen ihren Anfang nahmen, ging Klenau am letzteren Tage, an das rechte Ufer »um den Druck auf die gegnerische linke Flanke zu verstärken.«**) Zur Unterstützung Klenaus traten beim »Auxiliar-Corps« am 2. Dezember folgende Veränderungen ein. Stabsquartier der 1. Infanterie-Brigade nach Burglengenfeld; Leibregiment nach Kalmünz; Salern nach Taublitz und Saltendorf; Morawitzky nach Beratzhausen; Weichs und Junker nach Burglengenfeld; Artillerie-Reserve nach Bonholz; 3 Schwadronen vom kombinierten Dragoner-Regiment von Schwarzenfeld nach Leonberg und Hirschling. Generalmajor Nogarolla hatte den Befehl erhalten, seine Bataillone zwischen Laber, Pielenhofen und Zeitlarn d. i. zwischen schwarze Laber, Naab und Donau aufzustellen, mit Ausnahme dessen, was zum Soutien der Vorposten bei Hemau vonnöten.

General Klenau rückte am 2. Dezember mit seinem rechten Flügel auf Post-Saal, während sein linker Flügel von Alteneggloísheim aus die Richtung auf Langquaid einschlug. Man war überein gekommen, dafs, während Klenau bis zur Einmündung der Abens in die Donau vorrücke, die Brigade Nogarolla auf dem linken Donauufer in gleicher Höhe mit ihm vorgehe und Kelheim wegnehme. Die 1. Brigade nehme indes Stellung zwischen Laber und Beratzhausen. »Tout ces mouvements sont compasser profondément sur ceux de la grande armée.«***) Die Verbindung mit dem Detachement Mecsery, der wie bekannt gleichfalls auf dem rechten Flügel des Erzherzogs vorgehen sollte, wurde hergestellt. Die feindlichen Vorposten, bei Allkofen und Ober-Saal angetroffen, wurden mit Verlust von 300 Gefangenen zurückgeworfen; der Feind ging auf Neustadt zurück. Bei Peterfeking vereinigte sich die Kolonne Walther, welche bei Donaustauf die Donauufer gewechselt hatte, mit der Kolonne Mondet, welche nebst der »Reichstruppen-Brigade«

---

*) Gerneth, 596.
**) Gerneth, 596.
***) Herzog Wilhelm an den Kurfürsten, Schwandorf, 2. Dezember 1800. G h. Staatsarchiv, Korrespondenz mit Herzog Wilhelm.

auf der Regensburger Strafse marschiert war. Die Brigade Nogarolla begünstigte diese Bewegung durch eine Vorrückung auf Kelheim. Der Feind verliefs am 2. Kelheim und warf die Brücke hinter sich ab. Nogarolla liefs die Ulanen an einem »schicklichen Ort« die Donau passieren und die Schweizer Jäger von Roverea »übersetzen«; diesen folgten 3 Compagnien von der Legion, die dem Vorposten-Commandeur, Oberstlieutenant Prokofsky, zur Disposition gestellt wurden. Das Bataillon Herzog Pius besetzte Kelheim, indes Bataillon Herzog Wilhelm, welches zum Soutien bestimmt war, einstweilen nach Kelheimwinzer und Herrn Saal u. R. kam. Den Angriff auf Kelheim schon am Vormittag, wo es noch vom Feinde besetzt gewesen, auszuführen, war nicht möglich, da die Artillerie wegen grundloser Wege nicht vor 3 Uhr Nachmittags »auf der Anhöhe bei Kelheim vorzubringen war, in welchem Augenblick selbes auch verlassen wurde.«*) Die Vorposten Klenaus standen am 2. Dezember bei Siegenburg in Verbindung mit Mainburg. Durch Vorschieben eines Detachements gegen Irnsing von seite Nogarollas, wurde die weitere Vorrückung Klenaus auf Abensberg erleichtert.

Klenau äufserte seine Zufriedenheit über die Mitwirkung der 2. Infanterie-Brigade nebst dem sehnlichsten Wunsch, eine Gelegenheit zu finden, um die Operationen des kurpfalz-bayerischen Auxiliar-Corps durch seine Mitwirkung befördern zu können.**)

Nach der Besetzung Kelheims durch bayerische Truppen erhielt Nogarolla, auf Klenaus Begehren hin, die Weisung mit seiner Halbbrigade, »sa demiebrigade«, an das rechte Donauufer überzugehen, um die rechte Flanke Klenaus zu decken, indes der »ganze Rest« des »Auxiliar-Corps« an die Altmühl vorgehe. Der Feind hatte diesen Flufs vollständig geräumt und sich in der Richtung auf Ingolstadt zurückgezogen. Klenau folgte ihm bis Pfaffenhofen. Die Avantgarde Nogarollas ging von Abensberg nach Geisenfeld. Klenau hatte damals dem Herzog Wilhelm den Vorschlag gemacht, zur Unterstützung Simbschens mit 8 bis 9 Bataillonen die Donau zu passieren, bis Geisenfeld vorzugehen, mit der Hälfte derselben die Donau bei Vohburg zu repassieren, auf Eichstädt zu marschieren

---

*) Generalmajor Nogarolla an Herzog Wilhelm, Kelheim 2. Dezember 1800, Geh. Staatsarchiv, Korrespondenz mit dem Herzog Wilhelm. Nogarolla sagt: „diese glücklichen Ereignisse sind den Operationen des Grafen Klenau zuzuschreiben, welcher über Pafs Saal vorrückte."

**) Oberst Prohaska an Herzog Wilhelm, Etterzhausen 3. Dezember 1800.

und über Augereau herzufallen. Der Herzog ging hierauf nicht ein.*)

Um mehr Leben in die Operationen seines „Auxiliar-Corps" zu bringen, schrieb der Kurfürst am 2. Dezember an Herzog Wilhelm: „1. A toutes les opérations où le comte de Klenau croira la concurence du corps auxiliaire entier necessaire, et dont sans doute il concertera avec vous le but et les details contormement à la convention de 15 juillet. 2. à tous les détachemens qu'on vous demandera pour un objet fixe et déterminé et qui vous aura été communiqué d'avance, bien entendu que les troupes que vous avez pretées, ou fait avancer, continueront à faire partie de votre corps et vous rejoindront aussitot que le service pour lequel on les] a détaché, sera achevé; 3. il avait été question dans le plan dont Montgelas m'a rendu compte d'une offensive de votre côté sur l'Altmühl en cas de succés de la grande armée; si les chances continuent à lui être favorable, je désirerais fort que cette opération puisse avoir lieu." Der Kurfürst gab zu „même en passant un peu la frontière, que si on l'affaiblissait en detachant la brigade de Bartels." Hierauf erwiderte Herzog Wilhelm am 3. Dezember aus Regenstauf: „1. Je suis en concert et cooperation parfaite avec le général Klenau. 2. J'accorde des detachemens quand ils sont utiles au but connu et non de nature à m'exposer aux inconveniens, qu'il m'est preserit d'éviter. 3. Enfin que les opérations sur l'Altmühl dont le baron de Montgelas vous a rapporté Monseigneur que le plan était adopté par nous, sont déjà en pleine activité." Er teilte ferner mit, dafs die Brigade des General Nogarolla am 2. Dezember Kelheim besetzt habe und er am 3. sein Quartier nach Pielenhofen verlegen werde.**)

Feldmarschall-Lieutenant Simbschen, welcher nach dem Gefechte bei Burgebrach, am Schlachttag von Hohenlinden,***) in die Stellung Hirschaid-Forchheim-Gräfenberg, am rechten Regnitzufer zurückgegangen war, hatte auch diese Stellung verlassen, worauf Augereau Fürth besetzte. Simbschen's Avantgarde stand in Nürnberg, Lauf und Eschenau; sein Gros befand sich in Altdorf, Hersbruck, Hohenstein und Forach. Das »Auxiliar-Corps« zog sich hinter die Naab. Die 1. Infanterie-Brigade kam zwischen Schwandorf und Schwarzenfeld und die 2. zwischen Burglengenfeld und Bonholz zu stehen.†) Von der Kavallerie-Brigade rückten die Dragoner nach Burglengenfeld, die Kürassiere nach Schwarzenfeld und die Chevaulegers wurden angewiesen, das Streif-Corps des Rittmeister Scheibler zu unterstützen; sie sollten einst-

---

*) Herzog Wilhelm an den Kurfürsten, Laber den 5. Dezember. Geh. St.-A. Korrespondenz mit Herzog Wilhelm.

**) Geh. St.-A. Korrespondenz mit Herzog Wilhelm.

***) „Le colonel Hope vient de me joindre et de me communiquer une lettre confidentielle du général Klenau qui dit le fin mot: échec considérable sur l'aile gauche" (Hohenlinden). Herzog Wilhelm an den Kurfürsten, Laber, 5. Dezember. Geh. St. A. Korrespondenz mit Herzog Wilhelm.

†) Am 5. Dezember befand sich Generalmajor Nogarolla in Kelheim, die Bataillone Herzog Wilhelm und Kurprinz in Pointen, Regiment Preysing in Hemau und der Rest der Brigade bei Abensberg.

weilen bei Kastel und Ursensollen Stellung nehmen, um von dort aus, die Hauptstraſse und die Seitenwege abzupatrouillieren, sowie auch die Verbindung über Amberg mit Klenau und mit Schwandorf zu unterhalten, wo Herzog Wilhelm am 8. sein Stabsquartier genommen.

Am 8. Dezember wurde Kriegsrat gehalten. »Le resultat de cet entretien est que nous sommes convenus d'un plan d'opérations comme aux trois corps réunis, mais dont chacun a sa tâche séparement et bien determiné et qui offre le double avantage de pouvoir devenir offensif selon les circonstances et d'assurer imanquablement le moyen d'éxécuter l'autre, en cas que l'offensive ne peut pas être tentée où même qu'elle ne réussit pas. L'avantgarde du général Klenau marche pour cet effet demain à Hemau, la mienne à Neumarkt et le reste de mon corps depuis Sulzbach et Amberg et environs. Je me rends dans cette capitale après demain.«*) Betreffs der näheren Ausführung war festgesetzt worden, daſs Klenau mit 2000 Mann nach Hemau vorrücke, und wenn der Angriff auf Augereau festgesetzt sein werde, mit 5000 Mann Infanterie und 10 Schwadronen nach Neumarkt marschieren solle. Herzog Wilhelm übernahm es, mit 3 Bataillonen und 2 Schwadronen am 10. Neumarkt und Kastel zu besetzen und den Rest seines Corps in enge Kantonierungen zwischen Amberg und Sulzbach zu verlegen.**) Klenau teilte dem Herzog aus Regensburg (am 9.) mit, daſs eine Brigade unter Oberst v. Raglovich mit dem Auftrag nach Hemau marschieren werde, »sich genau in steter Verbindung mit dem morgen bei Neumarkt anlangenden kurfürstlichen Korps zu erhalten, und die Gegend von Beilngries und Hemau zu observiren.«. Und Raglovich verständigte den bayerischen Detachement-Commandeur in Neumarkt, daſs er auf Befehl Klenau's mit dem schwäbischen Kreis-Regiment Fürstenberg, 1 Bataillon Walachen (Rumänen) und 1 Schwadron nach Hemau detachiert worden sei, um die Strecke Kelheim-Dietfurt zu beobachten, zugleich auch die Verbindung mit dem bayerischen Detachement in Neumarkt zu unterhalten. Von Dietfurt bis Breitenbrunn befinde sich eine »Verbindungs-Vorpostenkette«.

Von den feindlichen Patrouillen, welche sich damals in der Gegend von Kipfenberg, Eichstädt und Denkendorf herumtrieben, war auch eine, 15 Mann vom Husaren-Regiment Chamboran, nach

---
*) Herzog Wilhelm an den Kurfürsten, Schwandorf, 8. Dezember. Geh. St.-A. Korrespondenz mit Herzog Wilhelm.
**) Österr. milit. Zeitschrift. 1836, 4, 196, 197.

Beilngries gekommen und hatte dort eine bayerische Chevaulegers-Patrouille, bestehend aus 1 Gefreiten und 3 Mann, überfallen. Die 3 Gemeinen wurden gefangen; der Gefreite rettete sich, indem er sich mit seinem Pferd in der Behausung des Gerichtsdieners versteckte.

Die beiden Chevaulegers-Schwadronen waren zu dieser Zeit in folgender Weise verwendet. Die eine, »pfälzische Eskadron« benannt, patrouillierte von Neumarkt aus in der Richtung gegen Allersberg, Seligenporten, Postbaur, Altdorf und Berg; in Seligenporten und Berg standen je 1 Unteroffizier und 12 Mann; der Rest der Schwadron befand sich in Neumarkt. Durch obige Patrouillen wurden die drei Strafsen nach Nürnberg gesichert und die Verbindung mit dem in Altdorf stehenden österreichischen Husarenposten unterhalten. Die andere Schwadron, »die bayerische« benannt, hielt nachstehende Punkte besetzt: Mühlhausen mit 1 Offizier, 1 Unteroffizier und 20 Mann; Pollanten mit 1 Unteroffizier und 6 Mann; Berching mit 1 Offizier, 2 Unteroffizieren und 24 Mann; Holnstein mit 1 Unteroffizier und 4 Mann; Staufersbuch mit 1 Unteroffizier und 4 Mann und Gimpertshausen mit 1 Offizier, 1 Unteroffizier und 18 Mann. Diese Schwadron unterhielt die Verbindung mit dem Detachement Raglovich in Hemau. Rittmeister Scheibler streifte westwärts.

Wiederholt war dem Herzog zur Pflicht gemacht worden, jede Teilung seines Corps zu vermeiden. „Vous êtes pénétré tout comme moi de.ne pas laisser diviser le corps, c'est un point sur lequel je ne reviendrai plus" — schrieb der Kurfürst am 11. Dezember an den Herzog. Dieser erwiderte am 13: „V. A. E. peut compter au reste, que je tacherai toujours de combiner les opérations avec le double but que vos ordres me prescrivent de tenir le corps ensemble et à portée de sa jonction avec le général Deuxponts."

Um das am 8. geplante Vorhaben vollständig auszuführen, war eine zweite Konferenz nöthig. Zu diesem Zweck versammelten sich am 14. die Generale Simbschen und Klenau bei Herzog Wilhelm in Amberg. „La proposition a été de marcher sur Augereau avec l'aile droite, formé par le corps de Simbschen et la reserve qui serait mon corps, tandis que Klenau formant l'aile gauche de Neumarkt tacherait d'arriver sur ses derrières." Nach längerer Berathung kam man überein, „que je me charge 1. d'observer l'Altmühl avec un détachement; 2. que j'occupe Altdorf et les defilés entre ce point et Hersbruck, enfin 3. que je renforce Simbschen avec 3 bataillons." Die österreichischen Generale hatten Befehl erhalten „de ne pas avancer plus de deux ou trois marches et je pense que toute leur ambition est de rejeter les français derrière la Rednitz.*)"

Gedrängt durch die englischen Kommissäre, die sich im Stabsquartier des Herzogs und in der Umgebung des Kurfürsten befanden, wünschte man mehr Aktivität in den Operationen. Ein Brief des Grafen Montgelas v. 15. Dezember

---

*) Herzog Wilhelm an den Kurfürsten, Amberg 13. Dezember. Geh. Staatsarchiv. Korrespondenz mit Herzog Wilhelm.

an den Quartiermeisterlieutenant Major v. Verger giebt uns hierüber den besten Aufschlufs. Er lautet:
„Je suis fort aise que Son Altesse Serenissime se soit pretée à la demande qui lui a été faite relativement à un nouveau plan d'operations. Prohaska, Hope et compagnie jettaient déjà ici les hauts cris contre ce qu'ils appellent son inactivité et son indecision; le pauvre Drake est chauffé par eux, se tremousse san cesse et sans fin; il parle beaucoup guerre; je ne suis pas du metier ni par consequent à même d'en juger, mais à vue de paix il n'y entend rien et se trouve sans cesse la dupe des plans que lui presentent l'imagination ardente, l'ambition des généraux et l'esprit de tracasserie des subalternes. Si quelque chose pouvait me degouter de l'alliance anglaise, ce serait le renouvellement continuel de toutes ces misères. Continués mon cher Verger à cultiver la confiance, que Monseigneur le duc vous temoigne, tâchés qu'il y ait un peu plus d'activité dans les operations, et que surtout on ne perde pas de vue ce qui peut faciliter la réunion du corps auxiliaire. Je ne suis pas sans inquiétudes sur la manière dont les ordres de l'Electeur la dessus seront exécutés. La désunion des chefs me fait peur, il ne laisse pas que d'y avoir des difficultés locales à surmonter."

Am 15. genehmigte der Kurfürst den am 14. festgesetzten Plan: „Vous puissiez concourir au plan offensif sur Augereau qui a été formé par les généraux Simbschen et Klenau, dont la réussite assurera la sureté du haut palatinat de ce côté."*)

Auf die Vorwürfe, welche Oberst Hope dem Herzog in Betreff der Operationen machte, erwiderte dieser: „Je vous déclare formellement et positivement, Ms., qu'avant le 16 du present mois je n'ais été muni d'aucun plein-pouvoir instruction ou ordre quelconque, qui m'eut présérit, ni même autorisé, de faire dépasser aux troupes du corps auxiliaire aux limites, dans lesquelles la convention d'Amberg circonscrit leur champ d'opérations, le seul cas d'une retraite forcée, accepté. Il vous plaira de remarquer, que néanmoins dès le 14 je consentis à occuper Altdorf et la ligne entre cette ville et Hersbruck, par conséquent à coopérer au dela de nos frontières à l'opération offensive proposée. Le dit 16 je recus la première fois l'ordre d'agir hors du pays, en passant un peu la frontière, c'est le terme propre de la dépêche, et je m'offris sur le champ, vous le savez, Ms., à marcher jusqu'à la Rednitz."**)

Über die Zusammenkunft in Amberg und die Vorwürfe, welche von englischer Seite dem Herzog Wilhelm gemacht wurden, spricht sich dieser in seinen Aufzeichnungen***) wie folgt aus: „Von den Generalen Klenau und Simbschen wurde auf einen abermaligen Zusammentritt angetragen, und ein neuer Operationsplan vorgelegt. Es handelte sich nämlich um einen Angriff gegen das Korps, das in Franken unter Augereau stand. Die Mitwirkung des Korps wurde angesprochen und zwar in einer Ausdehnung, wozu ich durch die Instruktion vom September nicht autorisirt war; das Zweckmäfsige von der Ausführung des Entwurfs wohl einsehend, nahm ich es über mich (N. B. es war den 14. Dez.), mich bereit zu erklären, durch eine theilweise Ueberschreitung unserer Grenze, also auch meiner Instruktion, die Gesammtbewegung zu unterstützen."

„Am 16. nämlichen Monats bekam ich von Bayreuth den Befehl, den beschlossenen Angriff mittelst einer Vorrückung über unsere Landesgrenze (en passant un peu

*) Geh. St.-A. Korrespondenz mit Herzog Wilhelm.
**) Geh. St.-A. Korrespondenz mit Herzog Wilhelm.
***) Herzogliches Hausarchiv.

la frontière) zu unterstützen. Sogleich, noch selbigen Tags, erklärte ich den fremden Kommissären im Hauptquartier, nun sei ich bevollmächtigt und bereit, noch weiter mit den österreichischen Truppen vorzurücken, als mir noch vorgestern zu versprechen, erlaubt war. Nun denke man sich, wie betroffen aber auch wie empört ich des folgenden Tages sein musste, als ich durch den Obersten Hope die Mittheilung einer offiziellen Note bekam, worin am nämlichen 16. der Gesandte Dracke sich bei dem Minister Montgelas über mich beklagt, weil ich, ungeachtet meiner Ermächtigung dazu, welche der Minister ihm mündlich versichert habe, nicht wollte zu der offensiven Bewegung mitwirken. Er könne nicht umhin, seinem Hof die Anzeige zu machen, von dem Benehmen des kommandierenden Generals der Bayern, das dem Zweck der verbundenen Mächte eben so nachtheilig als ein „sträflicher" Ungehorsam gegen den eigenen Souverän wäre. Die Lüge, dass ich am 14. einen Befehl hätte vollziehen können, den ich erst am 16. bekam und auch nicht eher bekommen konnte, weil er am 15. zu Bayreuth ausgefertigt worden, — eine solche Lüge, sage ich, war leichter aufzudecken, als wie die schuldige Genugthuung zu verschaffen. Da es mir nicht gelang einen andern Bescheid zu bekommen als derlei Tracasserien zu verachten, so musste ich mich begnügen, dem Geandten Dracke zu überlassen, dieses Gefühl dem Tracassier selbst zu widmen, nachdem er durch die Aufklärung der Wahrheit auch meine energische Reklamation von dem Oberst Hope erfahren hatte. Nach drei Tagen erhielt ich von dem geraden Briten die Anerkennung meiner Unbescholtenheit, deren Vertheidigung, wenn es auch nur der eigenen Waffenehre halber gewesen, ich in Bayreuth nicht erhalten konnte. Ich bekam ein offizielles Schreiben vom Gesandten Dracke des Inhalts: unerklärbar bleibe es ihm zwar, woher der Missverstand gekommen, der ihn zur Erlassung der Note veranlassen musste, jetzt aber habe er aus meinem Erlasse an Oberst Hope eine so erschöpfende Ueberzeugung in Betreff meines Verhaltens entnommen, dass er die in der fraglichen Note geäufserte Anklage hiermit förmlich und feierlich widerrufe und im nächsten Bericht an seinen Hof das Zeugniss niederlegen werde, von meiner unverrückten und strengen Pflichterfüllung."

Als Folge der Amberger Verabredung traten nachstehende Veränderungen ein. Am 15. Dezember marschierten 2 Bataillone (1 vom Leibregiment und Junker) nebst 2 Schwadronen Chevaulegers von Neumarkt nach Hemau und übernahmen von dem Obersten v. Raglovich, der eine andere Bestimmung erhalten, die Beobachtung der Altmühl; das Kommando über das »Observations-Detachement an der Altmühl« führten die Obersten v. Ow (Infanterie) und v. Zandt (Kavallerie). Oberstlieutenant Prokofsky ging am 15. von Dafswang nach Neumarkt und zog eine Chaine von Ferrieden gegen Altdorf. Klenau fand sich am 16. in Neumarkt ein. Prokofsky ging hierauf nach Altdorf, zog die Chaine gegen Hersbruck und beobachtete zugleich die Avenuen von Feucht und Nürnberg. Da sich der Herzog angeboten hatte, Altdorf und alle Defileen zwischen dieser Stadt und Hersbruck zu besetzen, wurden die Bataillone Kurprinz, Weichs und Pius unter Oberst Serego nach Altdorf detachiert.*) Die »Kontingents-

---

*) Herzog Wilhelm an den Kurfürsten, Amberg 17. Dezember: „Or je m'étais offert d'occuper avec mes troupes Altdorf et tous les defilés, entre cette

Brigade« unter Generalmajor Bartels, welche am 14. Dezember gleichfalls in englischen Sold getreten war,*) wurde dem Feldmarschall-Lieutenant Simbschen unterstellt »jedoch mit dem ausdrücklichen Vorbehalt des Herzogs Wilhelm, dafs sie seinen Befehlen untergeordnet bleibe.« Die Brigade rückte von Burglengenfeld, wo sie sich Anfangs Dezember vereinigt, über Freihöls in die Umgegend von Hersbruck.**) Der Rest des »Auxiliar-Corps« wurde dergestalt zwischen Sulzbach und Hersbruck aufgestellt, dafs das Pegnitzthal von Velden an abwärts gedeckt — somit der Rücken Simbschen's geschützt war. Der Posten in Altdorf sicherte die Verbindung mit Klenau — und Oberstlieutenant Prokofsky cotoyierte während der Vorrückung Klenaus seine Avantgarde in der Richtung auf Nürnberg. Rittmeister Scheibler ging mit seinem Streif-Corps, verstärkt durch ein Detachement Chevaulegers, von Allersberg gegen Pleinfeld und Weifsenburg vor. Zur Bewachung der Donau blieb eine schwache österreichische Brigade unter Generalmajor Walther in Regensburg.

Augereau sollte rasch geschlagen und mit vereinten Kräften ein paar Märsche verfolgt werden. Wenn dies geschehen, sollte sich Simbschen mit dem Feinde beschäftigen und Klenau zur Deckung der Altmühl und Donau wieder zurückkehren. Die drei Corps zählten zusammen 32,689 Mann, von denen 6091 Mann Kavallerie mit 109 Geschützen. Augereau hatte dagegen kaum 15,000 Mann.***) Welche brillante Resultate hätten sich bei einer energischen, geschickten und einheitlichen Heerleitung unfehlbar erreichen lassen!

Zum Vollzug wurde folgendes bestimmt. Bei der neuen Dislokation des »Auxiliar-Corps« hat Oberst Ow mit den unterhabenden 2 Bataillonen — vom Leibregiment und Junker — zu Hemau zu verbleiben und nebst den 2 Schwadronen Chevaulegers die Be-

---

ville et Hersbruck et le colonel Serego au moment où j'écris, doit encore être dans Altdorf avec les bataillons: prince electoral, Weichs et Pie, où je l'ai envoyé dès après la conclusion de ce concert, dont le reste a demeuré sans exemtion, comme je le dirai plus bas." Geh. St.-A. Korrespondenz mit Herzog Wilhelm.

*) Die Geschichte des 4. Infanterie-Regiments von Hoffmann macht hiervon zum erstenmal (489) Erwähnung. Eine archivale Notiz sagt: „Vom Militär-Kommissär und Obersten Hope an Herzog Wilhelm in Amberg, 14. Dezember 1800 den weiteren Kontrakt wegen Übernahme der unter General Bartels stehenden Infanterie-Brigade in englischen Dienst, gegen monatlich 40,000 Gulden." Die Brigade empfing 20,000 Gulden, da sie, nebst den übrigen Truppen, am 1. Januar 1801 aus englischer Verpflegung trat.

**) Hoffmann 489, 490.

***) Österr. milit. Zeitschrift, 1836, 4, 211, 212.

obachtung der Altmühl zu besorgen. Am 17. wird noch eine Schwadron von Kaiser-Husaren an der Altmühl stehen bleiben. Übrigens wird Oberst Ow an die Befehle des Generalmajor Gaza gewiesen, welcher sein Quartier in Parsberg nimmt. Ebenso wird Generalmajor Graf Tauffkirchen bei seinem Eintreffen in Hemau das Kommando über die Kavallerie übernehmen, wovon der Oberst v. Zandt zu verständigen ist. Das Bataillon Herzog Wilhelm, welches zu Beratzhausen liegt, dient dem Posten von Hemau zur Unterstützung. Das 1. Bataillon vom Leibregiment*) und die Bataillone Morawitzky und Salern haben sich in Marsch zu setzen. Ebenso die noch zurückstehenden 4 Bataillone der Brigade des Generalmajor Nogarolla. Die Legion bleibt als Reserve in ihrer Kantonierung. Regiment Preysing versieht zugleich, wenn es nötig sein sollte, den Garnisonsdienst in Regensburg. Die Bataillone Kurprinz, Weichs und Pius bleiben bis auf weiteres noch unter dem Kommando des Obersten Serego zwischen Regnitz und Altmühl als Avantgarde des rechten Flügels stehen. Das Stabsquartier des Corps kömmt nach Neumarkt, wenn General Klenau von dort abgezogen sein wird. Generalmajor Nogarolla begiebt sich nach Stadtamhof, die Artillerie-Reserve nach Kastel und Regenstauf. Die Kavallerie-Brigade**) bezieht nachstehende Stellungen: Major v. Schmidt mit 2 Schwadronen Kürassiere wird an die Avantgarde unter Oberst Serego gewiesen und stellt sich in der Nähe von Hilpoltstein auf; die übrigen 2 Schwadronen

---

*) Nach der Geschichte des 1. Infanterie-Regiments, 87, wäre das ganze Leibregiment am 17. über Kastel nach Neumarkt marschiert.

Die 1. Brigade war am 15. Dezember stark: Effektiv 4852 Mann, zum Ausrücken 3892 Mann (Sollstand: 6585 Mann.)

Man ging damals mit dem Plan um, eine Pionier-Compagnie zu errichten. Ein desfallsiger Befehl vom 15. Dezember wies die Brigade Nogarolla an, hierzu 1 Lieutenant, 4 Unteroffiziere und 46 Gemeine vorzuschlagen. Demgemäfs sollte abstellen:

    Das Bat. Kurprinz   1 Unteroffizier und 10 Mann,
    „   Wilhelm   1   „   „ 12 „
    „   Pius   1   „   „ 12 „
    Regt. Preysing   1   „   „ 12 „

Der Ingenieur-Lieutenant Schimper wird als Lieutenant vorgeschlagen. Weitere hierauf bezügliche Notizen wurden nicht aufgefunden. Es scheint beim Projekt geblieben zu sein.

**) Kavallerie-Brigade am 15. Dezember:

Minucci-Kürassiere	4 Schwadronen.	Zum Ausrücken	602 Mann	584 Pferde.
Komb. Dragoner-Rgt.	4	„	602	„ 584	„
Chevaulegers	2	„		301	„ 292	„
	10 Schwadronen.		1505 Mann	1460 Pferde.

Im Depot: 638 Mann und 135 Pferde.

Kürassiere kommen auf die Strafse Neumarkt-Mühlhausen und unterhalten die Verbindung mit dem Major Schmidt in der Richtung auf Hilpoltstein und Heideck; dieselben nehmen ihre Posten auf der Strafse gegen Beilngries, so nahe an der Altmühl als es nötig sein wird, um mit den Vorposten des Detachements Hemau auf gleiche Höhe zu kommen. Zu Hemau verbleiben, wie bereits gesagt, 2 Bataillone, 2 Schwadronen Chevaulegers und 1 Schwadron österreichische Husaren. 2 Schwadronen Dragoner unter Oberst Graf Preysing kommen nahe an Stadtamhof an die Strafse nach Regenstauf; die übrigen 2 Schwadronen Dragoner unter Oberst v. Zedtwitz bleiben bei Sulzbach mit der Bestimmung, durch starke Patrouillen stets die Verbindung mit der Kolonne des Feldmarschall-Lieutenant Simbschen zu unterhalten; ferner sind durch ein angemessenes Streif-Kommando, unter der Leitung eines besonders thätigen und geschickten Offiziers, während der Vorrückung des gedachten Feldmarschall-Lieutenants über Velden in der Richtung auf Betzenstein und Gräfenberg, bestimmte Nachrichten von den Ereignissen und feindlichen Bewegungen einzuholen, welche auf der Strafse Nürnberg-Bayreuth wie auch im Wiesentgrund und auf der Strafse Bamberg-Bayreuth vorkommen könnten.

Am 18. wurde Augereau, welcher mit der Division Barbou Nürnberg und das Peguitzthal bis Lauf und durch die Division Duhesme Neunkirchen am Brand, Gräfenberg, Neuhof, Forchheim und Bamberg besetzt hatte, angegriffen und gezwungen, wieder hinter die Regnitz zurückzugehen. Am 19. stand Simbschen auf der Linie Neuhof-Lauf. Klenau, dessen Angriff des feindlichen rechten Flügels auf der Linie Altdorf-Fischbach-Nürnberg fehlgeschlagen, zog sich am 20. nach Lauf, um den linken Flügel Simbschens bei seinem Angriff auf Neunkirchen zu decken. Simbschen wurde jedoch von Duhesme bei Eschenau angegriffen und mufste den Franzosen Neuhof und die Höhen von Gräfenberg überlassen. Am 21. wurde hinwieder Duhesme von Simbschen kräftig angefallen, Neunkirchen genommen und die Franzosen zum Rückzug genötigt. Barbou und Duhesme zogen sich an das linke Regnitzufer nach Vach und Forchheim. Die Österreicher rückten bis an das rechte Regnitzufer vor, so dafs dieser Flufs beide Parteien von einander trennte. Die »Kontingents-Brigade« besetzte am 19. Lauf, wo sie auch verblieb als Klenau dort eintraf. Am 21. stand das Bataillon Weichs bei Kunhofen und Bartels hatte am 22. sein Quartier in Forth. Er besetzte hierauf Lauf und Nürnberg.*)

---
*) Am 16. Dezember war die Brigade Bartels stark:

Herzog Wilhelm war am 19. in Neumarkt eingetroffen; er traf dort noch die Artillerie-Reserve Klenau's und viele blessierte Österreicher und Franzosen. Oberst Gaugreben hatte am 20. mit dem 1. Bataillon des Regiments Preysing Regensburg besetzt. Bis zum 21. Dezember betrug der Verlust beim »Auxiliar-Corps« nur jene 3 Chevaulegers, die mit ihren Pferden gefangen worden waren.*) Nach der Niederlage Klenau's faßte Herzog Wilhelm seine Situation so auf: »La position actuelle dans ce cas-là ne serait pas tenable et je n'attends que des nouvelles ultérieures qui anoncent assez surement ce que deviennent les généraux autrichiens pour prendre mon parti.«**)

In der Nacht zum 20. Dezember hatte Rittmeister Scheibler, bei dem sich ein Detachement von 2 Offizieren und 60 Chevaulegers befand, den Feind in Ellingen überfallen und 1 General-Adjutant, 1 Dragoner- und 1 Husaren-Offizier, ferner 20 Gemeine zu Gefangenen gemacht und 51 Pferde mit Sattel und Zeug erbeutet. Die Dunkelheit der Nacht war Ursache, daß Scheibler nicht das ganze Kommando zu Gefangenen machen konnte, da sich viele Franzosen versteckt, und bei der Nähe der feindlichen Infanterie zum Aufsuchen keine Zeit übrig blieb. Der Husaren-Offizier »hat die Niedrigkeit gehabt, ungeachtet seines gegebenen Ehrenwortes, zu entweichen.« Über die Teilnahme der Chevaulegers sagt Scheibler: »Beide Herren Offiziere der Chevaulegers, die Herrn v. Podewils und Meurer, haben sich bei dieser Gelegenheit besonders mit ihrer Mannschaft distinguirt und ich wage es defsfalls, solche Euer Durchlaucht gnädigst zu rekommandiren.« Die erbeuteten Karabiner überließ Scheibler den Chevaulegers »und ich hoffe sie baldigst ganz

---

Feldjäger-Bataillon Salern, 1 Bataillon, 5 Compagnien, 880 Mann, 47 Pferde,
Bataillon Weichs, 1 Bataillon, 5 Compagnien, 798 Mann, 57 Pferde,
Bataillon Pius, 1 Bataillon, 5 Compagnien, 847 Mann, 54 Pferde.
Die Brigade erhielt zur Bespannung der Kanonen und Munitionswagen 72 Pferde und 24 Knechte.
Als Ordonnanzen waren ihr 3 Gemeine vom Dragoner-Regiment Taxis zugeteilt.
Der Stab der Brigade bestand aus: 1 Generalmajor, 1 Adjutant, 1 Feldkriegskommissär, 1 Kontrolleur, 1 Aktuar. K.-A. 1800 IX—XII.

*) „Dans les différentes affaires d'avant-postes auxquels les troupes de V. A E. ont pris part jusqu'ici nous n'avons perdu que trois chevaulegers, pris avec leurs chevaux." Herzog Wilhelm an den Kurfürsten, Neumarkt, 21. Dezember. Geh. St.-A. Korrespondenz mit Herzog Wilhelm.

**) Herzog Wilhelm an den Kurfürsten, Neumarkt 21. Dezember. Geh. St.-A. Korrespondenz mit Herzog Wilhelm.

so armirt zu haben.«*) Das wäre freilich sehr erwünscht gewesen.

Leider wurden die Chevaulegers schon am 20. Dezember einberufen, und ihnen so jede fernere Gelegenheit benommen, sich unter Führung des trefflichen Scheibler im Parteigängerdienst auszubilden. Auch der Ordonnanzkurs, der das Stabsquartier des Herzogs mit jenem Simbschen's verband, wurde eingezogen. Kurz, es geschah eben nur so viel, um nicht den Vorwurf der Unthätigkeit auf sich zu laden.

Oberst v. Zedtwitz mufste mit 2 Schwadronen Dragoner nach Neumarkt abrücken.

Zu dieser Zeit, 20. Dezember, war die Einteilung der Brigaden folgende:

1. **Infanterie-Brigade:**
1. Bataillon vom Leibregiment, Kurprinz, Herzog Pius, Weichs, Morawitzky, Salern.

2. **Infanterie-Brigade:**
2. Bataillon vom Leibregiment, Junker, Herzog Wilhelm, Regiment Preysing, Legion, 2 Schwadronen Dragoner, ein Teil der Artillerie-Reserve: 2 zwölf und 4 sechspfünder Kanonen und 2 siebenpfünder Haubitzen.

Kavallerie-Brigade:
Kürassier-Regiment Minucci, 4 Schwadronen; 2 Schwadronen Dragoner und 2 Schwadronen Chevaulegers.

Artillerie-Reserve:
Rest: 2 zwölfpfünder Kanonen und 2 siebenpfünder Haubitzen.

Am 24. Dezember erhielt Herzog Wilhelm vom Kurfürsten folgende Instruktion:

„1. Vous vous preterez à toutes les opérations qui pourront contribuer à affaiblir l'ennemi et par consequent assurer soit directement soit indirectement les frontières du haut Palatinat, ainsi qu'à recouvrir la Bavière, pourvu que,

2. le plan pour le but comme pour les moyens aient été préalablement concertés avec vous, de la manière déterminée par la convention du 15 juillet.

3. Vous pourrez même dépasser sans aucune difficulté les frontières et usant à cet égard de la faculté que me laisse l'article 3 de la dite convention. Je ne sais aucune difficulté d'y consentir d'avance, pourvu que vous ne vous avanciez pas à un point qui change entièrement la destination primitive du corps, en vous écartant trop des limites du pays, soit à la poursuite de l'ennemi, soit pour quelqu'autre vue, qui vous portât soit avant dans la Franconie et vers le Spessart.

4. Le corps restera réuni et agira en masse, autant que les circonstances le

---

*) Rittmeister Scheibler an Herzog Wilhelm, Heideck am 20. Dezember. Geh. St.-A. Korrespondenz mit Herzog Wilhelm.

permettront; je m'en rapport pour les detachements qui seront nécessaire à ce que je vous ai mandé là dessus dans ma dépêche du 2.

5. La brigade du général Bartels sera censé faire partie du corps auxiliaire et` restera en activité de service avec lui."*)

Aus Neumarkt den 24. und 25. Dezbr. schilderte Herzog Wilhelm die Situation wie folgt (24): „Le général Nogarolla est a Ratisbonne — que le général Walther a quitté pour defendre le Danube inférieure avec son très faible corps — avec 4 de nos bataillons et deux escadrons. Le reste de notre corps est entre Hemau, içi (Neumarkt) et Postbauer. Le retour de Ms. de Prohaska et Hope me mettra d'ici a demain matin en état d'apprendre à V. A. E. le partie auquel les généraux autrichiens se seront décidés et je laisse ma lettre ouverte jusque-là. Peut-être aurai-je même alors a Vous faire rapport d'une passage du danube au dessus de Ratisbonne, si non effectée au moins tenté par l'ennemi. (25) La demonstration a été faite effectivement à Postsaal et l'attaque sérieuse de Ratisbonne ne tardera pas, puisque d'après un rapport du général Nogarolla de 11 $^3/_4$ h. l'avantgarde française était déjà en vue de la ville et la force de l'ennemi se trouvait dans le bois d'Abach. La défense du Danube lui (Klenau) est encore délégué; je crains qu'il n'y vienne trop tard. Notre lot à nous doit être entre Schwandorf et Rötz."**)

Die Disposition für das »kurpfalzbayerische Auxiliar-Corps« vom 24. Dezember bestimmte folgendes: General Nogarolla begiebt sich sofort nach Regensburg — er war schon am 19. in Stadtamhof eingetroffen — und übernimmt von dem österreichischen Generalmajor Walther jene Posten, welche zur Verteidigung von Regensburg und des rechten Donauufers in der Richtung gegen Straubing dienen. Zu diesem Zweck werden dem Generalmajor Nogarolla das Bataillon Herzog Wilhelm, die Legion und die 2 Bataillone Preysing nebst 2 Schwadronen — welche zwischen Hemau und Etterzhausen disloziert sind — überlassen. Diese Abteilungen hat derselbe, mit Ausnahme des Regimentes Preysing — welches sich schon in Stadtamhof und Regensburg befindet — sofort in Marsch auf Stadtamhof zu setzen und solche nach einer mit dem Generalmajor Walther zu treffenden Übereinkunft, sobald als möglich ihrer Bestimmung zuzuführen. General Walther wird ersucht werden, nur soviel von seiner Kavallerie aus der Gegend von Regensburg wegzuziehen, als durch die 2 Schwadronen Dragoner ersetzt werden kann; der übrige Teil wird bis auf weiteres noch bei seiner gegenwärtigen Bestimmung bleiben und unterdessen an Nogarolla gewiesen worden sein. Als Soutien des Postens von Hemau marschiert das Bataillon Salern von Batzhausen nach Beratzhausen. Oberst Serego hat dafür ein Bataillon als Ersatz von Postbauer nach Batzhausen zu schicken. Oberst Zedtwitz wird mit 2 Schwadronen Dragoner

---

*) Geh. St.-A. Korrespondenz mit Herzog Wilhelm 1800.
**) Geh. St.-A. Korrespondenz mit Herzog Wilhelm.

gleichfalls zur Unterstützung des Hemauer Postens einstweilen nach Dafswang abrücken, von wo derselbe näher an Hemau herangezogen werden kann; er hat sich deshalb mit Oberst Ow zu verständigen. Die übrigen Abteilungen blieben in ihren bisherigen Kantonierungen und Bestimmungen.

Die Befürchtungen wegen Regensburg waren begründet, denn die Division Souham vom »niederrheinischen Corps« Sainte-Suzannes, war, als Klenau von der Altmühl sich entfernt hatte, an das rechte Donauufer gegangen, und näherte sich Regensburg. Am 24. bei Pentling stehend, drangen die Franzosen am 25. unter dem Schutze eines dichten Nebels gegen Prühl vor. Vollständig überrascht, jagten die vorgeschobenen Kavallerieposten, darunter Bamberger Dragoner, auf dem Fufse von französischen Jägern zu Pferde verfolgt, gegen die Stadt zurück. Glücklicherweise hatte die Wache am Jakobsthor, welche das Regiment Preysing abgestellt, noch so viele Geistesgegenwart, das Jakobsthor vor den verfolgenden Franzosen zu schliefsen und diese vom Walle aus durch Feuer zurückzutreiben.*) Der Angriff, den die Franzosen auch auf das Peterthor unternahmen, wurde durch die 2 Geschütze des Legions-Bataillons abgewiesen. Auf dem Glacis vor der Barriere des Petersthores stehend, liefs Lieutenant Halder auf Befehl des Bataillons-Commandeurs, Oberst v. Massenbach, die feindlichen Jäger bis auf 50 bis 60 Schritte herankommen. Mit 2 Kartätschen- und 2 Kanonenschüssen begegnete er der gegen die Schanze ansprengenden Kavallerie mit so gutem Erfolg, dafs dieselbe in gröfster Unordnung in weniger als zwei Minuten aus den Augen verschwunden war. Der Feind zog sich an den Fufs des Galgenbergs zurück, verfolgt von den Plänklern der 4. Compagnie (Hauptmann Schweigert) des Legionsbataillons. Die Geschütze behaupteten ihre Stellung auf dem Glacis bei der Schanze am St. Petersthor.**) Den Gang der Ereignisse, wie sich dieselben am 25. Dezember in Regensburg abspielten, hat Nogarolla in einem Bericht an Herzog Wilhelm in folgender Weise geschildert:***)

„... Die k. k. Vorposten wurden zurückgedrängt, bis in dieselbe (Stadt), worauf die auf den Wällen und Bastions stehende Infanterie, bestehend aus dem

---

*) Die gute Haltung, welche Offiziere, namentlich Lieutenant Fabris, und Mannschaften des Regiments Preysing in diesem wirren Durcheinander behaupteten, veranlafst die Geschichte dieses Regiments (Gerneth, 600) den 25. Dezember, „einen Ehrentag des Regiments" zu nennen.
**) Schrettinger, der k. b. Militär-Max-Josephorden, 337. 338.
***) Regensburg, 25. Dezember Abends 8 Uhr. Geh. St.-A. Korrespondenz mit Herzog Wilhelm, 1800.

Regiment Preysing und der Legion, sowohl mit kleinem Gewehr als mit Kanonen 4 bis 5 Stunden anhaltend feuerte. Während dieser Zeit übersandte der Feind einen Trompeter mit der Erklärung, dass die Stadt angezündet werden sollte, wenn nicht gleich von unsrer Seite zu feuern aufgehört würde. Um nun Zeit zu gewinnen, verweilte man, den Trompeter zu sprechen. Allein derselbe, des Wartens überdrüssig, kehrte ohne weiteres wieder zurück. Indes wurde nach dessen Entfernung sogleich der Hauptmann vom Preysing'schen Regiment, Graf Stralenheim zum französischen Vorpostengeneral abgeschickt, um von demselben das eigentliche Verlangen des feindlichen Trompeters zu erfahren. Hierauf brachte benannter Herr Hauptmann von feindlicher Seite folgende Äusserung: dass der feindliche Vorpostengeneral von seinem Divisions-Kommandeur Befehl hätte, Regensburg einzunehmen, es möge kosten, was es wolle. Demzufolge wurde durch den nämlichen Hauptmann von Stralenheim folgende Rückantwort wieder zurückgesendet, dass: sowohl in Anbetracht der hochansehnlichen hiesigen Gesandtschaft als auch zur Schonung der Stadt, man nicht entfernt wäre, die Stadt zu räumen, wenn anders solche nicht neutral erklärt und von feindlicher Seite ebenfalls nicht besetzt würde. Der feindliche Vorpostengeneral äusserte sich zwar, dass er glaube, dass dieses Begehren keinen Anstand finden werde; da aber Alles von seinem Divisionsgeneral abhänge, so wolle er an denselben das Weitere berichten. Bald darauf übersandte der Divisionsgeneral Souham die schriftliche Erklärung: dass er dem Verlangen nach Neutralität der Stadt nicht beipflichten könne, sondern bloss die Räumung der Stadt Regensburg vorgeschlagen hätte, um das Unglück für die Stadt zu vermeiden. Uebrigens, dass es ein Vortheil für die Stadtbewohner wäre, wenn die französischen Truppen Regensburg besetzten, dann auch, dass er seine Vorposten an sich ziehen würde, indess die Unsrigen vorpoussiren könnten. Während der Kanonade hielt die hiesige Gesandtschaft beim sächsischen Minister Konferenz, dessen Erfolg der war, dass General Walter und mir die Stadt bestens empfohlen wurde; da ein gleiches vom hiesigen Stadtmagistrat geschah, so beschlossen wir, sowohl von Seite der Stadt (auch von Seite der neutralen Mächte Dänemark und Preussen) Abgeordnete, wie nicht minder ein Individuum der k. k. Gesandtschaft, dann den Hauptmann von Stralenheim, als eine Deputation, an den französischen Divisionsgeneral abgehen zu lassen, um die bestmögliche Kapitulation der Stadt Regensburg hiermit zu erzwecken. Indess erklärte ich dabei feierlich, dass, nachdem alle Truppen bis auf wenige k. k. Vorpostenmannschaft, lauter kurfürstliche Truppen sind, ich nur die Kapitulation unterzeichnen werde, wenn nicht die Brücke und dann Stadtamhof unter honorablen Bedingnissen mit inbegriffen wäre. Schliesslich solle noch beifügen, dass das Bataillon Herzog Wilhelm in Stadtamhof eingerückt sei, und dass ich 100 Mann mit einiger Dragonermannschaft an das linke Donauufer, zwischen Regensburg und Kelheim, ausgestellt habe, um von einem allenfallsigen Uebergang der Donau bei Zeiten avisirt zu sein, um nicht im Rücken genommen zu werden. Die Mannschaft bleibt heute die ganze Nacht auf den Wällen, welche auch den ganzen Tag hindurch ihre Schuldigkeit aufs beste gethan haben, und worunter der Hauptmann Schweiger von der Legion mit dem grössten Theil seiner Compagnie vorzüglich ausgezeichnet hat. Wie nicht minder der Korporal Schramel, ebenfalls von der Legion, der mit 16 Mann vorwärts des obgedachten Hauptmanns, bis 80 Patronen mit dem besten Erfolg verfeuert, und standhaft unter dem feindlichen Feuer sich hielt. Ungeachtet viele feindliche Kugeln die Mannschaft auf den Wällen und Bastionen beunruhigten, so haben wir doch auf unserer Seite weder Todte noch Verwundete.

Dagegen wurde von den Kaiserlichen 1 Major, 1 Rittmeister und der grösste Theil ihrer Kavallerie vom Feinde gefangen," Die Zufriedenheit des Kurfürsten theilte Nogarolla den betheiligten Truppen mit:*) „Da seine Kurfürstliche Durchlaucht Ihre ganz besondere Zufriedenheit über das Benehmen und den Muth, welchen die in Regensburg, unter meinem Kommando befindlichen Truppen vom ersten Offizier an bis zum letzten Gemeinen am 25. Dezbr. abgewichenen Jahres bewiesen, zu bezeigen geruht haben, so säume ich nicht, dem Regiment Preysing sowohl als der Legion, diese höchste Zufriedenheit mit dem Anhange bekannt zu machen, dass auch ich allen Herren Offizieren vom Oberst abwärts, sowie der gesammten Mannschaft meinen verbindlichsten Dank für ihre an diesem Tag bewiesene Tapferkeit und Eifer, womit jedes Individuum beseelt war, zu erstatten nicht verfehle."

Am 26. Dezember kam eine Kapitulation zu Stande, derzufolge Österreicher und Bayern Stadtamhof, die Franzosen dagegen Regensburg mit der Verbindlichkeit besetzten, der Reichsversammlung, sowie den Einwohnern Schutz und Sicherheit zu gewähren.**)

Feldmarschall-Lieutenant Klenau, welcher am 26. Dezember in Neumarkt diese Neuigkeit erfuhr, eilte über Hemau nach Stadtamhof, wo er am 28. eintraf.***)

Am 28. Dezember erging der Befehl, den General Nogarolla mit 4 Bataillonen und 2 Schwadronen bis auf weiteres noch als Soutien Klenau's zu Stadtamhof zu belassen. Das 5. Bataillon dieser Brigade stehe in Bonholz »peut-être en peu d'heures attiré à lui par son brigadier et formé en attendant la communication entre la dite brigade et la première, et que le sixième bataillon est encore en arrière d'Amberg.«

Nach einer neuen Dislokation kam der Stab der 1. Brigade †) nach Fromberg, jener der 2. Brigade nach Burglengenfeld, jener

---
*) Dato Regenstauf, 3. Januar 1801.

**) Die Kapitulation ist unterzeichnet von dem österreichischen Generalmajor Walther, dem bayerischen Generalmajor Graf Nogarolla und auf Befehl des französischen Divisionsgenerals Souham von dem Bataillons-Chef und Generaladjutanten Guichard.

***) „Le général Klenau a appris cette nouvelle ici; il est en pleine marche pour retourner sur le Danube. Mon corps l'est déjà en partie, il le sera demain en entier pour la direction." Herzog Wilhelm an den Kurfürsten, Neumarkt 26. Dezember. Herzog Wilhelm wollte am 27. in Kastel und am 28. in Schwarzenfeld oder Schwandorf eintreffen.

†) Am 28. marschierte das Leibregiment von Amberg in das Biwak bei Schwarzenfeld a. d. N. „in dem mehrere Tage trotz Nässe und Schnee geblieben wurde." Die Folge davon war, da die Mannschaft auch ohne Mäntel, ein enorm hoher Krankenstand, wie denn überhaupt in diesem Jahre das Regiment sehr viele Mannschaft durch den Typhus verloren hatte. Geschichte des 1. Infanterie-Regiments, 87. „Man probirte das Brownische System und gab dem Soldaten so viel Wein zu trinken, bis sie betrunken den Geist aufgaben. Die Soldaten mufsten den Wein wider Willen trinken." Maillinger, Tagebuch.

der Kavallerie-Brigade nach Theuern und die Corps-Artillerie nach Freihöls und Pressath.

Simbschen hielt noch am 28. einen Angriff der Franzosen aus, zog sich aber dann freiwillig nach Hersbruck, indefs die bayerische »Kontingents-Brigade« noch bei Lauf stehen blieb. Von dieser Brigade war an diesem Tage nur das Bataillon Salern (Major Lessel) zum Schufs gekommen; es verlor an Unteroffizieren und Soldaten 1 Mann tot, 6 blessiert und 11 gefangen.*) Die »Kontingents-Brigade« »a quitté sans difficulté ni objection le général Simbschen, d'après la notification officielle que j'ai fait au dit général que je rappellais.«**) Sie marschierte nach Kemnath: Brigadestab und Bataillon Salern, Erbendorf: Weichs und Waldsassen: Pius.

Augereau ging wieder an das rechte Regnitzufer, und setzte sich in den Besitz von Nürnberg, Lauf und Gräfenberg. Das »Auxiliar-Corps« war, sowie Klenau aufgebrochen, hinter die Naab zurückgegangen.***) Am 30. Dezember lag der Stab der 1. Infanterie-Brigade in Sulzbach, jener der 2. in Burglengenfeld, jener der »Kontingents-Brigade« in Weiden, die Corps-Artillerie in Nabburg. Am 2. Januar 1801: Stab des Corps in Amberg; 1. Infanterie-Brigade: Sulzbach; 2. Infanterie-Brigade: Burglengenfeld; »Kontingents-Brigade« Kemnath; Kavallerie Brigade: Weiden; Corps-Artillerie: Nabburg u. s. w.

Der Waffenstillstand zu Steyer, geschlossen am 25. Dezember, stellte die ferneren Operationen ein. Die Demarkationslinie der gallo-batavischen Armee durchzog den westfälischen, oberrheinischen und fränkischen Kreis bis Baiersdorf, von wo sie über Erlangen, Nürnberg, Neumarkt, Parsberg, Laber, Stadtamhof nach Regensburg lief, hier die Donau passierte und sich an die schon weiter oben angegebene Hauptlinie anschlofs.

Am 10. Januar 1801 befahl der Kurfürst die Vereinigung sämtlicher bayerischer Truppen unter dem Kommando des Herzogs Wilhelm, sowie die schon erwähnte Bildung eines Kriegsrates in Amberg behufs vorzunehmender Reformen.

Das Vorhaben des Herzogs Wilhelm, die ganze Oberpfalz mit

---

*) „Elle avait eu dans la journée du 28 un mort, six blessés et 11 prisonniers tous bas-officiers et soldats et du bataillon de Lessel, le seul qui ait donné." Herzog Wilhelm an den Kurfürsten, Amberg, 3. Januar 1801. Geh. St.-A. Korrespondenz mit Herzog Wilhelm.

**) Herzog Wilhelm an den Kurfürsten, Amberg 3. Januar 1801. Geh. St.-A. Korrespondenz mit Herzog Wilhelm.

***) Österr. milit. Zeitschrift, 4, 215, 216.

seinem Corps zu besetzen, »damit den k. k. Truppen keine Gegend übrig sei, in diesseitigen Landen Kantonierungsquartiere zu verlangen*), schlug gänzlich fehl. Es geschah zwar alles mögliche, um dieses zu verhüten. Nachdem eine lebhafte Korrespondenz zum erwünschten Ziele nicht führte, wurde General Wrede zum Erzherzog Karl geschickt — aber Alles umsonst.

Nachdem die »Subsidien-Division« in der Oberpfalz eingetroffen und unter die Befehle des Herzogs Wilhelm getreten war, bildete sich das bayerische Corps aus 5 Infanterie-, 1 Kavallerie- und 1 Artillerie-Brigade.**) Der Regimentsverband bei der Infanterie, seit 18. März 1799 aufgelöst, wurde wieder hergestellt. Die Stärke der Armee betrug 28,821 Mann und 2468 Pferde »so daſs nun wirklich nach Verhältniss des Landes eine Armee vorhanden war, welche inmitte des Krieges geschaffen worden war.«

Am 26. Januar wurde die Armee auf Friedensfuſs gesetzt, nachdem sie bereits am 1. Januar aus englischer Verpflegung getreten war.

Infolge des Luneviller Friedens verlieſsen die Franzosen Bayern. Am 12. April muſsten sie München geräumt haben.

Ende März und Anfangs April setzten sich die bayerischen Truppen nach ihren Friedensgarnisonen in Bewegung.***) In der Oberpfalz blieben, unter dem Kommando des mittlerweile aus der Gefangenschaft zurückgekehrten Generalmajor v. Deroy, mit dem Sitze in Amberg, zur Sicherung der Einwohner gegen Bedrückungen zurück: 1 Bataillon Morawitzky, 1 Bataillon Junker, 1 Bataillon Weichs; 2 Compagnien Preysing und 2 Schwadronen Dragoner, ferner die zwei leichten Bataillone Metzen und Preysing und die Bataillone Buseck, Lamotte, Schloſsberg und Zoller.

Bereits am 8. April hatte Moreau und am 10. die Division Decaen, welche Tags vorher in München einmarschiert war, diese Stadt verlassen, in welcher die Franzosen 9 Monate und 15 Tage gewesen. Vom Anfang bis zum Ende hatte Moreau seine edle, weise und uneigennützige Gesinnungsart bewahrt. Er machte die Regierung auf die Notwendigkeit einer Überwachung jener Übel-

---

*) Gerneth, 602.
**) Siehe Beilage 2 etc.
***) Leibregiment, Kurprinz, Kürassier-Regiment Minucci und gesamte Artillerie München; Morawitzky Neuburg; Junker Amberg; Herzog Wilhelm Landshut; Preysing Ingolstadt; Herzog Pius Burghausen; 1. Bat. Salern Rosenheim, 2. Bat. Salern Traunstein; Weichs Straubing; Dragoner Neumarkt; Chevaulegers Triftern und Plattling.

gesinnten aufmerksam, welche sich mit verräterischen Anträgen ihm genähert hatten, ohne gleichwohl dieselben nennen zu wollen. Auf Grund dessen, sowie anderweitig eingezogener Erkundigungen wurden Nachforschungen eingeleitet, welche zu manchen Entdeckungen führten; allein die im Friedensvertrag ausbedungene allgemeine Amnestie gab Anlaſs, dieselben fallen zu lassen. Der französische Obergeneral hätte bis zu seinem wirklichen Abzug auf Kosten des Landes leben, auch Requisitionen und Kontributionen forterheben können, allein er wollte vom Tage der Unterzeichnung des Friedens an nichts mehr für sich annehmen. Eine so seltene Handlungsweise verdient in der That zur Erinnerung aufgezeichnet zu werden.*)

Am 12. April Morgens war bereits ein Detachement vom Regiment Kurprinz in München eingerückt, dem am Nachmittag Herzog Wilhelm mit seinem Stabe und dem ganzen Regiment Kurprinz folgte. Am 13. trafen das Leibregiment und das Kürassier-Regiment Minucci in München ein. Am 14. hielt der Kurfürst »à la grande joie et contentement de toute la ville« seinen feierlichen Einzug. Am 15. wurde die Demobilisierung ausgesprochen und die Beurlaubung von $^2/_3$ der Mannschaft verfügt. Mit diesem Tage legte Herzog Wilhelm das Kommando nieder, welches am 17. April der Kurfürst persönlich übernahm.

Als Rekapitulation dessen, was im Lauf des Jahres 1801 für Bayern geschehen war, wird in den Memoiren des Grafen von Montgelas folgendes bemerkt:

„Es war gelungen, im Frieden von Luneville die zum Nachtheil Bayerns in Campoformio getroffenen Bestimmungen bis auf die letzte Spur zu beseitigen. Seiner Integrität versichert, konnte es von nun an Gebietsverluste wenigstens nur mehr mit Zustimmung der eigenen Regierung erleiden. Es war ferner gelungen, Frankreich nicht nur zu versöhnen, sondern sich auch seiner Unterstützung zu versichern, und stand nicht zu befürchten, dass die Ausbrüche revolutionärer Beredsamkeit, welche einzelne Tribunatsmitglieder gelegentlich der Diskussion über die Ratifikation unseres besonderen Friedensvertrages sich erlaubt hatten, der wirklichen Gesinnung des ersten Konsuls entsprechen könnten oder seine Handlungsweise beeinflussen würden. Von der wohlwollenden Gesinnung Russlands lagen so bestimmte Versicherungen vor, als man sie eben bei der damaligen Lage dieses Reiches erwarten durfte. So war denn mit Herstellung eines bestimmten politischen Systems in Mitte vielfach verschlungener Ereignisse begonnen worden, welches beim Regierungsantritt des Kurfürsten Maximilian Joseph gänzlich fehlte. Unsere so höchst wichtige Stellung gegenüber der österreichischen Monarchie hatte sich gleichfalls würdevoller und folgerichtiger gestaltet, als das bisher der Fall gewesen war. Eine früher gar nicht vorhandene Armee war mit Mitteln des Auslandes geschaffen worden und zählte bereits 28 000—30 000 Mann. Den Generalen und übrigen Offizieren fehlte es fernerhin so sehr an Erfahrung, dass in einem beim Anzug der Franzosen i. J. 1800 unter Vorsitz des Herzogs Wilhelm in Bayern ab-

---

*) Memoiren des bayer. Staatsministers Graf Montgelas (Manuskript).

gehaltenen Kriegsrath dreizehn hochgestellte Offiziere ein Gutachten unterzeichneten, welches dahin lautete, alle Truppen-Corps in München zu vereinigen, die Stadtthore zu schliefsen und zu verrammeln, dann aber den Feind zu erwarten, um zu kapituliren. Nunmehr hatten sie angefangen, sich auszubilden und die mangelnde Kriegsübung zu gewinnen. Das Subsidien-Korps hatte sich bei jeder Gelegenheit ausgezeichnet und war häufig an die gefährlichsten Posten, stets mit günstigem Erfolg, gestellt worden. Weniger that sich allerdings das Reserve-Korps hervor. Die übergrosse Vorsicht seines Oberbefehlshabers liess ihn manche Gelegenheit zu wirksamem Eingreifen versäumen und bereitete dem Muth der Soldaten und dem trefflichen Geist der Offiziere vielfache Hindernisse.[*] Er beharrte mitunter zu ängstlich dabei, die Landesgrenze nicht zu überschreiten, selbst um das Gebiet von Bundesgenossen zu schützen und zugleich dort Unterhalt für die Truppen zu finden, wie es denn namentlich eines bestimmten und wiederholten Befehles bedurfte, um ihn zum Einrücken in das Nürnberger Gebiet zu bestimmen. Auch im Subsidien-Korps fehlte es wohl nicht ganz an Misshelligkeiten, Klagen und Anschuldigungen, infolge deren dem Obergeneral der nachgesuchte Rücktritt von seiner Stelle gewährt werden musste. Allein im Ganzen äusserten diese geringfügigen Anstände auf das Ganze nicht die üble Wirkung, welche man allenfalls hätte befürchten können. **Der gute Ruf des bayerschen Kriegsheeres, der in den letzten Regierungsjahren Karl Theodors so sehr gelitten hatte, fand sich vollkommen wieder hergestellt!"**

---

[*] Hierzu mag wohl auch die militärische Unerfahrenheit des Generalquartiermeisters Riede beigetragen haben.

Beilage 1.

Marschtableau der »Subsidien-Division« aus dem Österreichischen in die Oberpfalz, 30. Dezember 1800 bis 15. Januar 1801.

Divisionsstab: Ottensheim; 30. Dezember in Neufelden, am 31. Rohrbach, 4. Januar Thyrnau, 5. Kirchberg, 6. Schönberg, 8. Regen, 10. Viechtach, 11. Cham.

Fufsjäger: St. Gotthard; 30. Arenreit, 31. Kolberschlag, 4. Illstadt, 5. Saldenburg, 6. Kirchberg, 8. Ruemannsfelden, 10. Morsbach, 12. Wetterfeld, 13. Stammsried.

Bataillon Reufs: Leonfelden; 29. Gramastätten, 30. Neufelden, 31. Rohrbach und Götzendorf, 4. Obernzell, 5. Hals, 6. Engelburg, 8. Schlag, Eppenschlag und Kirchdorf, 10. Bodenmais, 12. Kötzting, 13. Furth.

Bataillon Metzen: Puchenau; 30. Nieder-Waldkirch, 31. Öpping, 4. Illstadt, 5. Dittling, 6. Mitternach und Schönberg, 8. Regen, 9. Aschberg und Bronzell, 10. Drachselbried und Arnbrück, 12. Neukirchen.

Bataillon Minucci: Zwettel; 29. Walding, 30. Altenfelden, 31. Sarleinsbach, 4. Hals, 5. Trautmannsdorf und Backerding, 6. Eppenschlag und Kirchdorf, 8. Zwisel, 10. Arnbruck, 12. Ruuding.

Bataillon Stengel: Rading; 30. Helfenberg, 31. Haslach, 4. Jandelsbrunn, 5. Perlesreut, 6. Innernzell, 8. Klessing, Rinchnach und Schönanger, 10. Pütersdorf u. R., 12. Kötzting.

Bataillon Schlofsberg: Geng; 29. Walding, 30. St. Peter, 31. Haslach, 4. Jandelsbrunn, 5. Perlesreut, 6. Grafenau, 8. Gemannsberg und Ober- und Unter-Aschberg, 9. Regen, 10. Viechtach.

Bataillon Spreti: Michldorf, 30. St. Martin, 31. St. Ulrich, 4. Wegscheid, 5. Waldkirchen, 6. Perlesreut, 8. Innernzell, 10. Bischofmais, 12. Ruemannsfelden.

Bataillon Pompei: Ottensheim; 30. Görling, 31. Neufelden, 2. Öpping, 4. Griesbach, 5. Salzweg, 6. Fürsteneck, 8. Schönberg, 10. Regen, 12. Ruemannsfelden, 13. Zandt, 14. Roding

Bataillon Buseck: Gramastetten; 30. Rothengang. 31. Altenfelden, 2. Sarlingsbach, 4. Griesbach, 5. Leoprechting, 6. Dittling, 8. Mitternach und Eberhartsreut, 10. Klessing, Rinchenach und Schwenanger, 12. Teisenach u. R., 13. Mosbach, 14. Neuhaus.

Bataillon Dallwigk: Urfahrn-Linz, 30. Michldorf, 31. St. Martin, 2. Götzendorf, 4. Wegscheid, 5. Waldkirchen, 6. Haus, Furth und Hasselbach, 9 Schlag, Kirchdorf u. R., 10. March u. R., 12. Prackenbach u. R., 13. Rattiszell.

Bataillon Zoller, Urfahrn-Linz; 30. Walding, 31. St. Peter, 2. Peilstein, 4. Griesbach, 5. Hutthurn, 6. Grafenau, 8. Innernzell und Schöfweg u. R, 10. Deggendorf, 12. Bogen u. R.

Bataillon Lamotte: Urfahrn-Linz, 30. Ottensheim, 31. St. Martin, 2. Altenfelden, 4. Kollerschlag, 5. Obernzell, 6. Ruderding und Unter-Haselbach, 9. Garham, 10. Hengersberg u. R., 12. Metten, 13. Bogen u. R., 14. Wiesenfelden und Wörth.

Bataillon Preysing: Magdalena; 30. Pruchenau, 31. Nieder-Waldkirch, 2. Rohrbach, 4. Wegscheid, 5. Hauzenberg, 6. Tiefenbach, 8. Dittling, 9. Aichach u. R., 10. Winzer, 12. Deggendorf, 13. Pfaffenmunster, 15. Donaustauf u. R.

Chevaulegers-Regiment, Urfahrn, Weifsenstadt u. Freystadt, 29. Haslach, Walding, Gallneukirchen, 30. Rohrbach, Landshag, 31. Peilstein, Arenreit, Ottensheim, 2. Kollerschlag, Neufelden, 4. Salzweg, Oberzell und Rohrbach, 5. Grafenau, Neukirchen, Kollerschlag, 6. Regen, Trautmannsdorf und Griesbach, 8. Deggendorf u. Schwarzach, 9. Schönberg, Hofkirchen, Windorf, 10. Hengersberg, 14. Regen.

Reserve-Artillerie, Freistadt; 29. Gallneukirchen, 31. Walding, 2. Arenreit, 3. Öpping und Rohrbach, 4. Aigen, 5. Wegscheid, 6. Hauzenberg, 8. Ilzstadt, 9. Dittling, 11. Schönberg, 12. Regen, 14. Viechtach, 15. Cham.

Beilage 2.
Dislokation der bayerischen Armee im Februar und März 1801.

Abteilungen.	20. Februar 1801.	23. März 1801.
Hauptquartier.	Amberg	Amberg.
1. Brig., G.-M. v. Gaza.	Sulzbach	Amberg.
Leib-Regiment 2. Bataillone	Amberg. Sulzbach.	Amberg.
Inf.-Regiment Morawitzky, 2 Bat.	Kastel. Illschwang.	Kastel.
„ Junker, 2 Bat.	Hahnbach. Auerbach.	Hahnbach. Auerbach.
2. Brig.: G.-M. Gf. Nogarolla	Burglengenfeld.	Burglengenfeld.
Inf.-Reg. Kurprinz, 2 Bat.	Burglengenf. Kalmünz	Burglengenfeld.
„ Herzog Wilhelm, 2 Bat.	Regen- u. Donaustauf	Regenstauf.
„ Preysing, 2 Bat.	Roding. Nittenau	Nittenau.
3. Brig.: G.-M. v. Bartels.	Kemnath	Arndorf.
Inf.-Reg. Herzog Pius, 2 Bat.	Waldsassen. Erbendorf	Arndorf. Waldsassen.
Feldjäger-Reg. Salern, 2 Bat.	Kemnath. Grafenwöhr	Kemnath. Grafenwöhr.
4. Brig.: G.-M. v. Wrede.	Schwarzenfeld	Rötz.
Bataillon Buseck	Rötz	Rötz.
„ Schlofsberg	Schwarzhofen	Schwarzhofen.
„ Lamotte	Nabburg	Schwandorf.
„ Zoller	Schwandorf	Nabburg.
5. Brig.: G.-M. v. Triva	Cham	Furth.
Inf.-Reg. Weichs, 2 Bat.	Furth. Eschelkamm. Runding	Furth. Runding.
Feldjäger-Bataillon Metzen	Falkenstein	Falkenstein.
„ Preysing	Wörth	Wörth.
Kav.-Brig.: G.-M. Gf. Tauffkirchen		
Kürassier-Reg. Minucci, 4 Esk.	Weiden	Weiden.
	Rothenstadt. Neukirchen. Flofs. Buch.	Weiden.
Komb. Dragoner-Reg., 4 Esk.	Schönsee. Eslarn. Mosbach. Pleystein	Schönsee.
Komb. Chev.-Reg., 2 Esk.	Lauterhofen. Velburg	Velburg. Lauterhofen.
Komb. Chev.-Reg. von der Subs.-Div., 6 Esk.	Oberaltaich. Viechtach. Kötzting. Schwarzach. Parkstetten. Wiesenfeld	Oberalteich. Viechtach. Kötzting (w. a. 20/2.)
Art.-Brig.: Oberst Hallberg		
Reserve-Artillerie	Schnaittenbach	Schnaittenbach.
Park-Artillerie	Waldmünchen	Waldmünchen.
Reitende Artillerie	Cham	Cham.
Inf.-Art. der chem. Subs.-Div.	Pemfling	Pemfling.
Fuhrwesen der chem. Subs.-Div.	Ried	Ried.
Fuhrwesen	V. Schwarzenfeld gegen Schwarzach u. Altendorf u. von Schwarzenfeld gegen Freihöls	Schwarzenfeld.
Spitäler	Sulzbach. Tirschenreut. Waldau. Weidenbach. Reichenbach	(wie am 20,2.).